미션따라 중국어

SURVIVAL
왕초보편

저자 **이미선**

머리말 **004** | 추천평 **006** | 이 책의 구성과 특징 **008** | 공부 시작 전 미리 알아두세요 **010**

PART1 서바이벌 발음편

DAY	STEP1 발음마스터과정			
DAY 01	성조, 반삼성, 경성	014		
DAY 02	성조 조합 읽기, 경성 읽기	016		
DAY 03	모음 (운모)	018	숫자학습 1	042
DAY 04	자음 (성모)	022	숫자학습 2	044
DAY 05	결합 모음	026	숫자활용 1-1	046
DAY 06	성조변화	030	숫자활용 1-2	047
DAY 07	발음실전노트 1	034	숫자활용 2-1	048
DAY 08	발음실전노트 2	036	숫자활용 2-2	049
DAY 09	발음실전노트 3	038	여러 가지 시간부사 1	050
DAY 10	발음실전노트 4	040	여러 가지 시간부사 2	051
DAY 11	여러 가지 의문사	052		
DAY 12	나의 하루	054		

PART2 서바이벌 회화편

	STEP2 단어카드로 배우는 서바이벌 구문	
1	여러 가지 인사말 早上好	060
2	식당에서 服务员, 请给我菜单	076
3	가족구성원 谁的妈妈, 谁的爸爸	092
4	여러 가지 양사 服务员, 来一杯冰水	108
5	과일과 채소 你要什么 - 这个苹果多少钱	124
6	여러 가지 직업 및 호칭 他是谁 - 他叫谁	140
7	국가와 도시 你在哪儿 - 我在北京	156
8	공간 및 가구 명칭 这儿有没有洗手间	174
9	여러 가지 방위사 书在椅子上边儿	192
10	여러 가지 장소 我在银行取钱	210
11	여러 가지 전자 및 문구 手机放在书包里	232
12	여러 가지 탈 것 坐飞机去北京	254

MISSION SURVIVAL CHINESE BEGINNING

CONTENTS

STEP3
중국어 기본기 다지기

第01课	你好吗	형용사 술어문 1	066
第02课	这个便宜吗	형용사 술어문 2	082
第03课	我要菜单	동사 술어문 1	098
第04课	我们都喜欢上课	동사 술어문 2	114
第05课	给我最便宜的	的용법, 의문사 의문문	130
第06课	这些都是我的	동사 是, 叫	146
第07课	我有点儿忙 바로 꺼내 쓰는 패턴 중국어(1) 有点儿(형)	여러 가지 부사	162
第08课	你拿一下冰水 바로 꺼내 쓰는 패턴 중국어(2) (동)一下	동량사 一下	180
第09课	他个子多高 바로 꺼내 쓰는 패턴 중국어(3) (형)一点儿, 好吗	有多 의문문	198
第10课	那不是我的 바로 꺼내 쓰는 패턴 중국어(4) ~还是…	是 / 有 구문	216
第11课	可不可以放在门口 바로 꺼내 쓰는 패턴 중국어(5) 可不可以	능원 동사 (조동사)	238
第12课	你帮我收快递, 好吗 바로 꺼내 쓰는 패턴 중국어(6) (동)过,	연동문	260

STEP4
미션체크 연습문제

미션 체크 연습문제 1	072
미션 체크 연습문제 2	088
미션 체크 연습문제 3	104
미션 체크 연습문제 4	120
미션 체크 연습문제 5	136
미션 체크 연습문제 6	152
미션 체크 연습문제 7	170
미션 체크 연습문제 8	188
미션 체크 연습문제 9	206
미션 체크 연습문제 10	228
미션 체크 연습문제 11	250
미션 체크 연습문제 12	272

부록

1 한자 필획표 276 | **2** 왕초보편 300단어 총정리 278 | **3** 중국동요 1,2 290

☑ 미션 체크 연습문제 답안 294

PROLOGUE

미션따라 중국어

기초는 미 션 따 라
AS Mission Survival Chinese
서바이벌 왕초보편

저자의 20년 강의 경력과 현지 15년 경험을 담은 최고의 교재
중국어의 가장 빠른 길
중국어를 시작하시는 분들께 강력 추천합니다

이 교재는 DAY 1 - 첫날부터 발음을 배우는 동시에 공부하는 한마디 한마디가
현지에서 바로 사용되는 생활 속 중국어로 쉽게 재밌게 시작합니다.
딱 "12일"입니다. 12일 후에 여러분은 중국어에 자신감을 갖게 될 것입니다.
"난 왕초보인데 내 말이 통하네, 들리네"를 경험하실 수 있습니다.

"안녕하세요. meigui Li 이미선입니다"

매일 아침 중국에 있는 교민들에게 위챗(중국의 카카오톡) 중국어 강의를 하고 있는 강사 이미선입니다.
저는 중국어 공부를 시작하려는 학습자들에게 정말 "필요한" 교재를, 현지에서 통하는 "유용한" 교재를, 이 책으로 공부하면 입이 열린다고 자신 있게 권할 수 있는 "정직한" 교재를 만들기 위해 강의 경력과 현지 경험 그리고 그동안 개발해왔던 콘텐츠를 모두 이 책에 담았습니다.

발음부터 너무 다른 언어인 중국어는 기초가 정말 중요합니다. 저는 학생들에게 왕초보부터 꼭 "미션따라 중국어"로 공부하실 것을 자신 있게 권해드립니다. 제 경력이, 경험이, 그간의 연구 결실이 있기에 자신할 수 있습니다.

"미션따라 중국어"는 특별한 중국어 학습 교재임을 말씀드리고 싶습니다.
<Part1- 서바이벌 발음편>에서는 한국 학생들이 혼동하고 어려워하는 발음과 성조 연습에 포인트를 두었습니다. 왜 공통적으로 어려워하고 틀리는지를 설명하였고 특히 주의해서 연습하도록 합니다.
발음 학습 후에 다시 한 번 발음 읽기를 체크해 볼 수 있도록 [발음 실전 노트]를 넣었습니다. (발음 실전 노트는 한국 학생들을 대상으로 "한어 병음 학습 시 혼동하거나 어려워하는 자음 모음"을 연구한 자료에 기반하여 만든 것입니다) 실전 노트에도 빠짐없이 발음 주의점 설명을 달아놓았습니다.
일상생활과 떼려야 뗄 수 없는 숫자, 숫자 활용(돈, 시간, 날짜) 초급 단계에서 너무 중요한 의문사 활용하기도 발음 편에서 함께 연습합니다.

<Part2- 서바이벌 회화편>에서는 총 12가지 상황의 104개 단어 이미지 카드로 초급 학습자들이 쉽게 단어를 습득하도록 하였고, 단어뿐 아니라 12가지 <서바이벌 구문>과 함께 적용 연습할 수 있도록 하였습니다. <중국어 기본기 다지기>에서는 본인이 연구한 독특한 학습법 즉 도형과 색깔을 이용한 이미지를 어순과 접목시켜서 학생들이 어려워하는 중국어 어순을 최대한 효과적으로 학습할 수 있도록 하였습니다. 단어를 확장시킬 때도 발음을 놓쳐서는 안되기에 성조 순으로 또 이미지로 함께 외울 수 있는 방법을 사용합니다. 그밖에 현지에서 <바로 꺼내 쓰는 패턴 중국어>의 6가지 패턴 (총 72문장) 은 현지에서 정말 빈번히 듣게 되고 사용할 수 있는 문장 패턴입니다. 통으로 연습하여 사용하도록 가르칩니다.

미션 따라 중국어의 초급 과정 <1. 왕초보편, 2. 초급탈출편>은 HSK1급부터 HSK3급까지의 필수 단어와 주요 문장 구조, 패턴을 교재에 담았기 때문에 "미션따라 중국어" 초급과정을 공부하고 나면, 현지 서바이벌 회화는 물론 저절로 HSK 3급까지 마스터할 수 있는 일석이조의 효과를 볼 수 있도록 제작된 교재입니다.

"미션따라 중국어"는 현지에서 생활해야 하는, 중국어가 그야말로 서바이벌인 학생들이 선택하고 인정한 교재입니다. 한국에서 중국어를 시작하려는 학습자들에게도 중국어의 가장 빠른 길을 열어줄 교재가 될 것입니다.

앞으로도 학습자들의 입장에서 중국어를 좀 더 재미있게 더 효과적으로 공부하는 방법을 끊임없이 연구하고, 저에게 주어진 "미션 Mission"따라 중국어 연구자이자 교사로서 정직하고, 좋은 교재를 만들도록 노력하겠습니다.

저자 이미선

RECOMMEND

학습자들의 추천평

한국에서 중국어 학원을 몇 달 다니고 나름 스스로를 초급 레벨은 아니라고 자부했는데 막상 <미션따라 중국어 Survival 왕초보편> 책으로 강의 듣는 첫날부터 '기초의 중요성'을 확인했습니다. 지루하고 불필요함이 가득한 기존의 중국어 기초 책과는 완전히 다릅니다.
눈에 쏙쏙 들어오는 문장의 기본 원리와 패턴을 이렇게 쉽게 배울 수 있다니!
다른 교재로도 공부는 해봤지만 막상 중국인을 만나자 단 한마디도 써먹을 수가 없었는데, 이 책을 만나고 이제는 중국인과도 간단한 대화가 가능해졌습니다.
어학을 시작하면 기초 책만 여러 번 보다 포기하는 경우가 많은데 <미션따라 중국어 Survival 왕초보편>은 한번 손에 잡으면 공부를 하고 싶게 만들어 줍니다. 이 책으로 시작해 보세요. 중국에 서바이벌 해야 하는 제가 강력 추천드리는 최고의 기초 중국어 책입니다.

김세경

몇 달을 배워도 중국인 앞에서 한마디도 못하던 제가, <미션따라 중국어 Survival 왕초보편> 덕분에 몇 주 만에 말문이 트였습니다!! 미션 샘의 강의와 교재 정말 최고예요!

유병욱

한 권을 다 봐도 밖에 나가서 사용할 곳이 없었던 기존의 책 내용과 달리, 몇 장만 봐도 바로 쓸 수 있는 말들로 이루어진 책입니다. 기존 교재들이 단지 "공부"를 위한 교재라면, 이 책은 "실생활 회화"를 위한 최고의 교재라고 할 수 있습니다.
초기에 잘못된 성조로 말하기 시작하면 말은 하지만, 어색한 발음으로 중국어를 하게 될 텐데, 이 교재는 한국인이 잘하지 못하는 성조와 발음을 짚어주고 정확히 왜 틀리는지 가르쳐주기 때문에 기초를 시작할 때 꼭 이 책으로 공부하셔야 해요. 게다가 특히 <바로 꺼내 쓰는 패턴 중국어> 예문들은 초급자라도 현지에서 통하는 '진짜' 바로 쓸 수 있는 내용으로 구성되어 있습니다.
"시작부터 꼭 필요한 실생활 단어로 배운다"
이것이 바로 이 책을 추천하는 이유입니다.

이은정

"기초중국어는 미션따라"
미션따라 중국어로 시작해야 하는 이유

중국어의 첫 시작부터 이 책을 선택하여 미션 선생님의 강의를 듣고, 중국어에 "중"자도 모르던 제가 입을 열어 중국 사람과 용감하게 말을 할 수 있게 되었어요.
제가 중국에 와서 마치 퍼붓는 소나기를 맞고 있는데 제게 우산을 씌워주는 기분을 느끼게 해 준 고맙고 소중한 책입니다. 미션 선생님의 자타 공인 강의와 내용, 구성이 탁월한 이 책을 믿고 따라 해보세요. 정말 중국어 말문을 트는데 가장 빠른 길이 될 것입니다.

김정미

중국에 온 지 4년, 이얼싼도 모르고 용감하게 중국 생활 시작했는데요. 이 책 저 책 닥치는 대로 잡아보았지만, 성조에 발이 묶여 포기하기 일쑤였어요. 그러나 "현지에서 살아남는 것을" 목적으로 한 <미션따라 중국어 Survival 왕초보편>은 실용적일 뿐만 아니라 "나도 중국어를 말할 수 있다"라는 자신감을 주는 책이었어요. 혹시 중국어를 시작하려다 포기하신 분이거나, 중국어 공부를 시작해야 하는 분이라면, 이 책을 적극 추천합니다.

김은주

상황에 맞는 대답을 고민하기 전에 입이 먼저 대답하고 있게 만들어 주는 교재와 강의, 현지에서 생활하는 데 있어 입이 트이는 행복이 무엇인지 알게 해주었어요.

김수정

중국어 1도 못하고 남편 따라온 중국에서 눈이 있어도 못 보고, 귀가 있어도 안 들리고, 입이 있어도 말 못 하던 홍길동 아줌마인 제게 택시를 타고 물건을 흥정하고, 스타벅스에서 주문을 할 수 있는 자신감을 준 저에겐 심봉사 눈 뜨게 만든 책입니다. 이 책은 한국 사람이 중국에서 필요한 말을 아주 간단하게 설명하고 콕콕 찍어서 주는 저에겐 원 포인트 레슨 책이고 강의였어요.

김현주

[미션따라 중국어 – 왕초보편]의 구성과 특징

PART1 서바이벌 발음편

STEP1 발음마스터과정 1~12

    I.   발음학습 & 발음실전노트

    II.   숫자학습 & 활용

    III.   시간 부사 & 의문사

PART2 서바이벌 회화편

STEP2 단어카드로 배우는 서바이벌 구문

- 서바이벌 단어카드 1~12
- 서바이벌 기초구문 1~12
- 미션 샘의 강의노트
- 미션따라 구문연습

STEP3 중국어 기본기 다지기

01과~06과
- 중국어 어순 파악 및 AB회화
- 미션 샘과 기본기 연습
  - 기초 단어 익히기 • 기본 문형 연습

07과~12과
- 중국어 어순 파악 및 ABAB회화
- 미션 샘과 기본기 연습
  - 단어 복습과 확장 • 기본 문형 연습
- 바로 꺼내 쓰는 패턴 중국어

STEP4 미션체크 연습문제

📌 이 책만의 특징

STEP1   MISSION! 중국어 병음 & 숫자활용 & 의문사 ~ 발음 완벽 마스터

중국어는 시작부터 **발음**을 잘 잡아놓아야 합니다. 발음을 소홀히 하면 나중에 고치기는 몇 배로 힘듭니다. 한국어와 비슷한 발음과 다른 발음 그리고 자주 틀리는 발음, 특히 주의해야 하는 발음을 색깔로 구분 짓고 쉽게 설명해두었습니다. **발음 학습** 후에 **실전 노트**를 읽어보며 어떤 점에 주의해야 하는지 주의점까지 꼼꼼히 챙겨 보시며 공부해주세요.

성조, 모음, 자음, 결합 모음, 성조 변화를 포함하고 있는 발음 학습은 6회로 끝나지만 일상생활 회화에 베이스가 될 **숫자** 그리고 **시간 및 날짜**, **시간 부사**들도 STEP1 PLUS+로 따로 구분해놓았습니다.

초급 학습자들은 의문사를 반드시 잘 구사하도록 공부해주세요. 초급 단계는 듣고 설명하는 말을 하기에는 무리가 있으므로, 내가 먼저 묻고 싶은 말을 잘 구사하도록 연습하여야 입을 뗄 수 있습니다. 물어보는 말이 안 되면 영영 입을 못 열 수 있습니다. **의문사 연습**은 초급 학생들에게 STEP ONE입니다.

STEP2   MISSION! 기초부터 실생활 단어와 구문으로 ~ 바로 입 트이기

STEP2는 **단어카드**와 **서바이벌 구문**으로 시작합니다. 주어진 구문에 그림카드의 단어를 교체 연습하며 구문도 외우고 단어도 외울 수 있도록 합시다.

구문 설명과 미션 쌤의 강의노트를 보면서 단어를 더 잘 외우고 연습할 수 있도록 도움을 받아보세요. 미션 따라 구문 연습으로 다시 한 번 체크 연습해봅시다.

단어와 함께 연습한 서바이벌 구문을 바로 현지 생활에서 자신 있게 써먹어봅시다.

STEP3   MISSION! 기본기도 확실하게 다지기 ~ 중국어 단어 구문 패턴 확장

중국어 기본기 다지기는 한마디로 말해 **어법**입니다. 중국어는 한국어와 달라서 한자에 "을, 를, 이, 가" 같은 조사가 붙지 않죠. 그럼 무엇이 주어이고 목적어이고 술어일까요? 중국어는 바로 어순이 결정짓습니다. 어순이 굉장히 중요한 언어 중 하나입니다. 이런 점을 고려하여 기초 어법에서는 중국어의 기본 어순 파악에 중점을 두셔야 합니다. 초급 학습자들의 어순 이해를 돕기 위해 도형과 색깔로 어순을 표현하였습니다. 어순을 파악하고 각 성분 별로 기초 단어 익히기에서 단어를 확장하도록 합시다. 단어 나열 또한 성조 순서대로 공부하시도록 하였으며 삽화를 넣어 연상하며 단어를 외울 수 있도록 구성하였습니다. 단어를 익힌 후 문형 연습으로 마무리하도록 합시다.

7과부터는 **단어 복습 및 단어 확장**을 합니다. 단어 확장은 이 다음 단계 <초보 탈출 편>으로 가기 위한 워밍업입니다. 단어를 반복하여 외우고 쓰기 연습도 시작해봅시다.

바로 꺼내 쓰는 패턴 중국어에는 현지에서 정말 유용하게 쓸 수 있는 6개의 패턴을 배우게 될 것입니다. 우리가 공부했던 단어를 패턴에 적용하여 12문장씩 연습해봅시다. 현지에서 통째로 빈번히 쓰게 될 유용한 패턴들입니다.

공부 시작 전 미리 알아두세요!

☐ 한어병음 (汉语拼音)이란:

한자로 표기되는 중국어는 의미를 알 수는 있지만 읽을 수 있는 "소리"를 나타내 주지는 못합니다. 한자를 읽는 법을 나타내는 알파벳 로마자 표기법을 『**한어병음**』이라고 합니다. 한어병음은 **자음(성모)**, **모음(운모)** 그리고 **성조**로 이루어집니다. (아래 참고)

☐ 간체자 (简体字) 란:

이는 간략한 글자체라는 뜻입니다. 1956년 중국에서는 국민들에게 국어를 더 편하게 배울 수 있도록 한자를 간략하게 만든 『**간체자 (简体字)**』를 보급하였습니다. 중국은 여전히 『**간체자 (简体字)**』를 쓰고 있고, 홍콩과 대만은 우리나라에서 쓰는 한자와 같은 『**번체자 (繁体字)**』를 쓰고 있습니다. (아래 참고)

☐ 보통화 (普通话) 란:

중국은 방언(사투리)이 많은 나라입니다. 예를 들면 북경어, 상해어, 광동어 등등이 있습니다. 널리 (普) 통하는 (通) 말 이라는 뜻인 『**보통화**』는 한국에서 말하는 "표준어"의 뜻입니다. 중국의 『**보통화**』는 "북경사투리를 제외한 북경어"로 지정을 하였습니다. 따라서 우리는 사투리를 제외한 북경어, 즉 『**보통화**』를 배울 것입니다.

번체	간체		
學	学	의 미: 배우다	
		읽는 법: xué	
來	来	의 미: 오다	
		읽는 법: lái	
➡ 홍콩, 대만, 한국에서 쓰는 한자	➡ 중국에서 쓰는 한자		

来

lái

자음(성모) ← 성조
한어병음 (읽는법 표기)
모음(운모)

☐ 중국어에서 기본 『인칭대명사』 <당신, 나, 그(그녀)>를 먼저 알고 갑시다!

- 영화의 대사 중에 "니가 가라 하와이"라는 유명한 대사가 있었죠.
  중국어에 <**당신, 너**>도 "**니 nǐ 你**"입니다.

- "**워** 아이 니" <I love you> 라는 말은 많이 들어 보셨을 것입니다. 처음의 "**워 wǒ 我**"는
  <**나, 저**> 라는 뜻이고 "아이 ài 爱"는 <사랑하다>, 마지막 "니 nǐ 你"는 위에서 얘기했지만
  <당신, 너>라는 뜻입니다.
  "나는 당신을 사랑합니다" ➡ 워 아이 니 "我爱你 wǒ ài nǐ"

- "타인"이라는 단어가 있습니다. 한자로 표기하면 他人.
  여기에서 "**타 tā 他**"는 <3인칭을 나타내는 "**그**"> 라는 뜻입니다. 이 한자의 부수를 女로
  바꿔서 "**她 tā**"로 쓰면 음은 똑같고 뜻은 <**그녀**>가 됩니다.

- 여기에 모두 "**먼 men 们**"을 붙이면 복수(复数)표현이 됩니다.

니먼	➡	nǐmen	你们	당신들
워먼	➡	wǒmen	我们	우리들
타먼	➡	tāmen	他们 / 她们	그들 / 그녀들

MISSION SURVIVAL CHINESE
BEGINNING

PART 1
서바이벌 발음편

STEP1 발음 마스터 과정

I. 발음학습 & 발음실전노트

성조, 반삼성, 경성	DAY 01	
성조조합 읽기, 경성 읽기	DAY 02	II. 숫자학습 & 숫자활용
모음 (운모)	DAY 03+	숫자학습 1
자음 (성모)	DAY 04+	숫자학습 2
결합모음	DAY 05+	숫자활용 1-1 시간 말하기(1)
성조변화	DAY 06+	숫자활용 1-2 시간 말하기(2)
발음실전노트 1	DAY 07+	숫자활용 2-1 월,일,요일 말하기(1)
발음실전노트 2	DAY 08+	숫자활용 2-2 월,일,요일 말하기(2)
발음실전노트 3	DAY 09+	여러 가지 시간부사 1
발음실전노트 4	DAY 10+	여러 가지 시간부사 2
III. 시간부사 & 의문사	DAY 11	의문사 활용
	DAY 12	나의 하루

STEP 1 발음 마스터 과정 01

🔊 **MP3** 01-1

1. 성조

1-1 4성

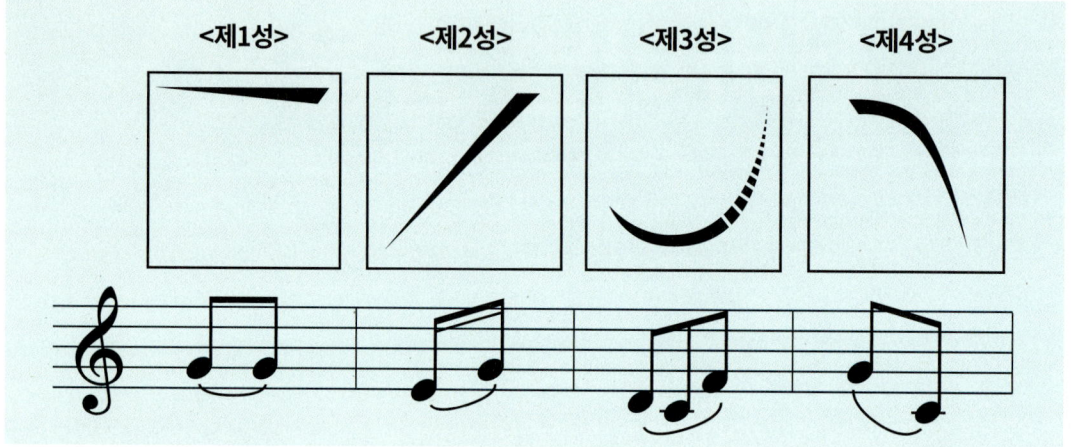

제1성 : 음계에서 처럼 "솔" 음을 잡고 평평하게 끝까지 힘을 빼지 않고 높이를 유지한다.
제2성 : 단숨에 짧게 끌어올리며 뒤쪽에 힘을 넣는다.
제3성 : 숨을 내쉬며 낮게 꾹 누른 후 자연스럽게 상승시킨다.
제4성 : 음 앞 부분에 힘을 꾹 주고 툭 떨어뜨린다.

| 성조그리기 | 제1성 — | 제2성 / | 제3성 ∨ | 제4성 \ |

1-2 경성

경성(轻声) : 가볍고 짧은 음인 경성은 성조 표기를 하지 않는다.

▶ 경성은 앞의 성조에 따라서 소리 높이가 틀려진다.   ★ **참고** 발음마스터과정02 : 3. 경성 읽는 방법

(예)
妈妈 māma   爷爷 yéye   奶奶 nǎinai   爸爸 bàba
엄마   할아버지   할머니   아빠

1-3 반3성

반3성(半三声) : 3성 뒷쪽에 올라오는 음을 생략하고, 3성의 반(半)만 발음한다 하여 반3성이라고 한다.

▶ 앞 페이지의 성조 그림 중 제3성 그림을 보자. 숨을 크게 내쉬며 바닥까지 낮게 꾹 누르 듯이 발음하고 올라오는 음을 점선으로 그린 것을 볼 수 있을 것이다.

▶ 3성은 거의 대부분은 반3성으로 발음한다.
단, 3성과 3성이 연달아 나올 때, 앞의 3성을 2성으로 바꾸어 발음하는 경우도 있다.

★**참고** 발음마스터과정06 : 7-1 성조변화

◆ 다음 반3성과 제4성의 시작점과 힘주는 포인트를 생각하면서 발음해보자

▶ 앞 페이지 음계에서 볼 수 있듯이 "레"에서 "도"로 떨어 뜨리고 밑에서 힘을 꾹 주는 반3성과, "솔"에서 "도"까지 힘을 주며 툭 떨어 뜨리는 음인 제4성을 혼동하면 안 된다.

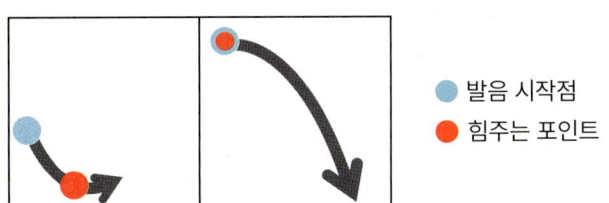

● 발음 시작점
● 힘주는 포인트

(예)
| 米饭 mǐfàn | 美式 měishì | 可乐 kělè | 点菜 diǎncài |
| 밥 | 아메리카노 | 콜라 | 음식을 주문하다 |

주의

반3성과 제4성이 둘 다 떨어지는 음이라는 점 때문에 나중에 이 두 성조를 혼동하는 경우가 많다. 음을 떨어뜨리는 시작점과 힘주는 포인트가 다르다는 것을 주의하여 연습해야한다.

STEP 1 발음 마스터 과정 02

🔊 **MP3** 02-1
2. 성조 조합 읽기 연습

제1성으로 시작할 때

| 1声 + 1声 → → | 咖啡 | kāfēi | 커피 |
| | 新鲜 | xīnxiān | 신선하다 |

| 1声 + 2声 → ↗ | 欢迎 | huānyíng | 환영하다 |
| | 阿姨 | āyí | 아줌마 |

| 1声 + 3声 → ↘ | 香港 | Xiānggǎng | 홍콩 |
| | 冰水 | bīngshuǐ | 시원한물 |

| 1声 + 4声 → ↘ | 鸡蛋 | jīdàn | 계란 |
| | 干净 | gānjìng | 깨끗하다 |

제2성으로 시작할 때

| 2声 + 1声 ↗ → | 房间 | fángjiān | 방 |
| | 明天 | míngtiān | 내일 |

| 2声 + 2声 ↗ ↗ | 韩国 | Hánguó | 한국 |
| | 银行 | yínháng | 은행 |

| 2声 + 3声 ↗ ↘ | 牛奶 | niúnǎi | 우유 |
| | 啤酒 | píjiǔ | 맥주 |

| 2声 + 4声 ↗ ↘ | 容易 | róngyì | 쉽다 |
| | 服务 | fúwù | 서비스 |

제3성으로 시작할 때

| 3声 + 1声 ↘ → | 好吃 | hǎochī | 맛있다 |
| | 广州 | Guǎngzhōu | 광조우 |

| 3声 + 2声 ↘ ↗ | 很忙 | hěn máng | 매우 바쁘다 |
| | 很难 | hěn nán | 매우 어렵다 |

| 3声 + 3声 ↗ ↘ | 你好 | nǐ hǎo | 안녕하세요 |
| | 给我 | gěi wǒ | 제게 주세요 |

| 3声 + 4声 ↘ ↘ | 米饭 | mǐfàn | 밥 |
| | 美式 | měishì | 아메리카노 |

제4성으로 시작할 때

| 4声 + 1声 ↘ → | 菜单 | càidān | 메뉴판 |
| | 蛋糕 | dàngāo | 케이크 |

| 4声 + 2声 ↘ ↗ | 面条 | miàntiáo | 국수 |
| | 快来 | kuài lái | 빨리 오세요 |

| 4声 + 3声 ↘ ↘ | 上海 | Shànghǎi | 상하이 |
| | 下午 | xiàwǔ | 오후 |

| 4声 + 4声 ↘ ↘ | 再见 | zài jiàn | 다시 봐요 |
| | 饭店 | fàndiàn | 음식점 |

3. 경성 읽는 방법

▶ 경성은 가볍고 짧고 경쾌하게 발음을 한다.

▶ 경성의 높이는 아래의 그림대로 앞 성조에 의해 변화된다.

▶ 경성에는 성조 부호를 표기하지 않는다.

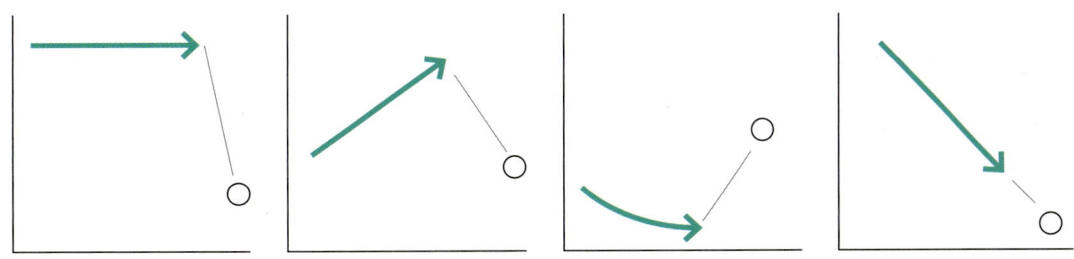

◆ 위 그림의 경성의 높이를 보면서 다음을 발음해보자

1성+경성	2성+경성	3성+경성	4성+경성
chāzi 포크	sháozi 숟가락	jiǎnzi 가위	kuàizi 젓가락
māma 엄마	yéye 할아버지	nǎinai 할머니	dìdi 남동생
shīfu 아저씨	háizi 아이	bǎobao 애기	mèimei 여동생
yīfu 옷	piányi 싸다	běnzi 노트	piàoliang 예쁘다

STEP 1　발음 마스터 과정　03

🔊 **MP3** 03-1

4. 모음

4-1 단모음 [a o e i u ü]

단모음(单母音) : 모음 중 가장 대표적이고 기본인 이 6개 단모음을 정확히 발음하도록 반복 연습하자.

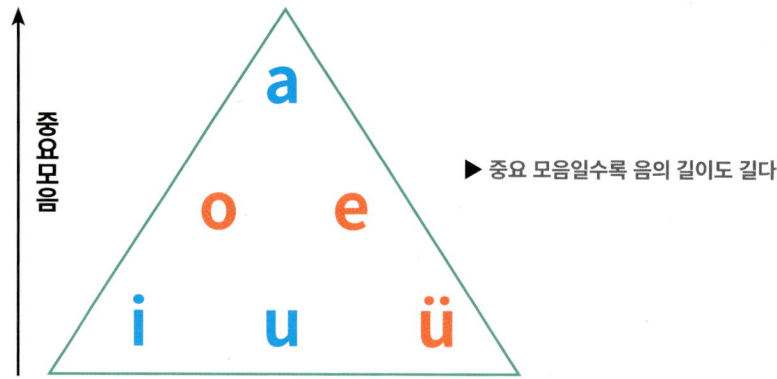

▶ 중요 모음일수록 음의 길이도 길다

▶ 단모음 중　a [아],　i [이],　u [우]는 한국어와 유사하다.

▶ o, e, ü 는 한국어에 없는 발음이므로 주의해서 연습해야 한다.

　o　우리말 [오]에서 시작, 부드럽게 [어] 소리로 넘어가 길게 끌고 간다.

　e　우리말 [으]에서 시작, 부드럽게 [어] 소리로 넘어가 길게 끌고 간다.

　ü　우리말 "우"의 입모양을 유지하고, [위] 발음을 한다.

★ 참고
- 파란색으로 표기한 것은 한국어 음과 유사한 음이다
- 주황색으로 표기한 것은 한국어 음과 다른 음이다

4-2 복모음 [ai ei ao ou]

복모음(复母音) : 복모음 ai, ei, ao, ou 는 두 글자로 표기되었지만, 복모음은 두 개의 발음이 결합된 결합모음은 아니다. 예컨대, 복모음 ai 는 [a]+[i]를 똑똑 끊어서 발음하는 것이 아니라, [ai]괄호 안의 두음을 연결하듯 이어진 하나의 음으로 발음해야 한다.

주의

아래에 (앞) 주음부호로 표기한 복모음과 (뒤) 한어병음으로 표기한 복모음을 비교해보자.

주음부호 : 대만에서 사용하는 중국어 발음을 표기하는 발음기호이다.

주음부호   한어병음
▶ ㄞ : ai   ㄟ : ei   ㄠ : ao   ㄡ : ou

주음부호로 표기한 복모음은 한 글자임을 볼 수가 있다.
복모음은 두음을 연결하듯 한 글자처럼 이어서 발음해야 한다.

▶ 복모음 중 ai [아이], ei [에이]는 한국어와 유사하다.

▶ ao, ou 는 한국어와 다른 음이므로 주의해서 연습해야 한다.

- **ao** [아]를 강하고 길게 발음하다 끝을 [오우]의 입 모양으로 가볍게 오므린다.

- **ou** 입술을 둥글게 해서 [어]소리를 길게 발음하다, 끝을 [우]의 입 모양으로 가볍게 오므린다.

4-3 비모음 [an en ang eng ong]

비모음(鼻母音) : 중국어의 [+n]음은 코를 울려주는 음으로 비모음이라 한다.

▶ 비모음 중 **an** [안], **ang** [앙]은 한국어와 유사하다.

단, 한국어에 없는 비음(코를 울려주는 음)을 넣어서 연습해야 한다.

en [으어] 비슷한 소리로 시작하다가 혀끝을 윗잇몸에 붙여 [언] 콧소리를 섞어 발음한다.

eng [으어] 비슷한 소리를 내다가 입을 벌린 채 [엉] 콧소리를 섞어 발음한다.

ong 입술을 조금 내밀고 [오] 소리를 내다가 [웅] 콧소리를 섞어 발음한다.

★ 참고
- 파란색으로 표기한 것은 한국어 음과 유사한 음이다
- 주황색으로 표기한 것은 한국어 음과 다른 음이다

4-4 권설모음 [er]

권설모음(卷舌母音) : "권설(卷舌)"은 "혀를 말다"라는 뜻으로 혀를 말아서 소리내는 모음이다. 중국어에 권설모음은 er [으어ㄹ] 하나 밖에 없다.

er 권설모음을 발음 할 때, 먼저 "e" [으어]를 발음하고 혀 끝을 아래서 위로 앞에서 뒤로 말아서 발음한다.

(예)

二 èr	儿子 érzi	女儿 nǚ'ér	耳朵 ěrduo
이(2)	아들	딸	귀

memo

DAY 03 발음학습

보충학습하러 갑시다
GoGo!

<II> 숫자학습 & 숫자활용 P.042 숫자학습 1

STEP 1 발음 마스터 과정 04

🔊 **MP3** 04-1

5. 자음 (성모)

[o]를 붙여서 연습	b (ㅃ)	p (ㅍ)	m (ㅁ)	f (ㅍ)
[e]를 붙여서 연습	d (ㄸ)	t (ㅌ)	n (ㄴ)	l (ㄹ)
	g (ㄲ)	k (ㅋ)	h (ㅎ)	

5-1 쌍순음 [b p m]과 순치음 [f] & 설첨음 [d t n l]과 설근음 [g k h]

쌍순음(双唇音)과 순치음(唇齿音) : "쌍순(双唇)"은 "두 입술"이라는 뜻으로 쌍순음 b p m 는 윗입술과 아랫입술을 붙였다 떼면서 발음한다.
"순치(唇齿)"는 "입술과 치아"라는 뜻으로 순치음 f 는 윗니와 아랫입술을 붙였다 떼면서 발음한다. b, p, m, f 모두 [o](오어)를 붙여 연습한다.

설첨음(舌尖音)과 설근음(舌根音) : "설첨(舌尖)"은 "혀끝"이라는 뜻으로 설첨음 d t n l 는 혀끝을 앞니 뒤에 댔다가 떼면서 발음한다.
"설근(舌根)"은 "혀 뿌리"라는 뜻으로 설근음 g k h 는 혀 안쪽(뿌리)의 근육을 목구멍 쪽으로 당기며 발음한다. d, t, n, l, g, k, h 모두 [e](으어)를 붙여 연습한다.

po **te** 두 입술을 다물었다가 갑자기 떼면서 공기를 터져나가게 하면서 각각[포어], [트어] 발음해보자.

fo 윗니를 아래 입술에 살짝 맞대고 [포어] 발음한다.
영어에 "4 : four" 발음과 비슷하다고 보면 된다.

[i]를 붙여서 연습	j (ㅈ)	q (ㅊ)	x (ㅆ)	⇨ 한국어와 유사
[î]를 붙여서 연습	z (ㅉ)	c (ㅊ)	s (ㅆ)	⇨ 한국어와 다름
※ î : 한국어 "으"로 읽는 음 그러나 표기할 때는 i 로 쓴다.	zh (ㅈ)	ch (ㅊ)	sh (ㅅ)	r (ㄹ)

5-2 설면음 [j q x]과 설치음 [z c s]

설면음 (舌面音) : 입을 옆으로 벌리고 혀 면을 넓게 펴서 발음한다.

▶ j, q, x 는 연습할 때 모음 [i] "이"를 붙여서 발음 연습한다.
<비교> z, c, s 는 연습할 때 모음 [î] "으"를 붙여서 발음 연습한다.

ji, qi, xi 는 한국어랑 정확히 같은 음이 있어서 발음 연습할 때, 아래에 쓴 괄호의 한국어 발음 그대로 연습하면 된다.

주의

ji [지] qi [치] xi [씨] : j q x 뒤에는 모음 u [우]가 붙지 않는다. 따라서, j q x 뒤에 ü 가 오면, ü 위에 있는 ¨을 생략하고 기입한다.
예를 들면, ju qu xu 에서 "u"는 [우]음이 아니고 무조건 "ü" [입모양:오, 소리:위]로 발음해야 한다.

설치음 (舌齒音) : 혀 끝을 앞니의 뒷면에 붙였다 떼면서 그 사이로 공기를 내보내면서 발음한다.

▶ 위에서 언급했듯이 설치음 zi, ci, si 의 모음은 [î] "으"로 발음한다. 기입할 때는 위의 ˆ 형태를 없애고 [i]로 기입한다.

zi	입을 좌우로 당겨 혀끝을 윗니와 마찰시켜 [쯔]발음
ci	입을 좌우로 당겨 혀끝을 윗니와 마찰시켜 [츠]발음
si	입을 좌우로 당겨 혀끝을 윗니와 마찰시켜 [쓰]발음

◆ 다음 설면음(j q x), 설치음(z c s)와 같이 쓰인 모음을 구별해서 읽어보자
※ [i] "이"와 [î] "으" 구별 & [u] "우"와 [ü] "입모양:오, 소리:위" 구별

ji [지]	qi [치]	xi [씨]	zi [쯔]	ci [츠]	si [쓰]
ju [쮜]	qu [취]	xu [쉬]	zu [쭈]	cu [추]	su [쑤]

5-3 권설음 [zh ch sh r]

권설음 (卷舌音) : "권설(卷舌)"은 "혀를 말다"라는 뜻이나 권설음은 혀끝을 말아 들이는 것이 아니고 혀면을 목 안쪽으로 당겨서 멈추고 그 사이로 공기를 내보내며 발음한다.

▶ 권설음 zh ch sh r 은 설치음 z c s 처럼 모음 [î] "으" 를 붙여서 발음 연습한다. 그러나 기입할 때는 [i]로 기입한다.

▶ 권설음은 한국어에는 없고 발음하기 어려워하는 발음 중 하나이다. 아래 요령에 맞춰 연습해보자.

| zhi | 모음 "으"의 입모양을 잡고 혀에 살짝 힘을 주어, 혀면을 들어 목 안쪽으로 당겨서 멈춘 상태로 "ㅉ으" 발음 |

| chi | 모음 "으"의 입모양을 잡고 혀에 살짝 힘을 주어, 혀면을 들어 목 안쪽으로 당겨서 멈춘 상태로 "ㅊ으" 발음 |

| shi | 모음 "으"의 입모양을 잡고 혀에 살짝 힘을 주어, 혀면을 들어 목 안쪽으로 당겨서 멈춘 상태로 "ㅅ으" 발음 |

| ri | 모음 "으"의 입모양을 잡고 혀에 살짝 힘을 주어, 혀면을 들어 목 안쪽으로 당겨서 멈춘 상태로 "ㄹ으" 발음 |

주의

학생들이 권설음을 할 때 혀를 말아서 굴린다는 오해를 하시는 경우가 많다.
No! 혀끝을 굴리지 말자. 혀끝을 말아 들이는 것이 아니고 <u>혀면을 목 안쪽으로 당겨서 멈춘 상태로</u> 발음 연습해야 한다는 것을 잊지 말자.

✎ <Ⅱ> 숫자학습 & 숫자활용 P.044 숫자학습 2

STEP 1 발음 마스터 과정 05

🔊 **MP3 05-1**

6. 결합모음 (결합운모)

결합모음 : 『발음 마스터 과정 3』에서 배운 아래의 단모음 삼각표를 기억해보자. 삼각표 안의 아래의 세 개 모음(i, u, ü)이 다른 단모음(a, o, e), 복모음(ai, ei, ao, ou), 비모음(an, en, ang, eng)과 결합하여 만든 모음이다.

1) [i ia ie iao iou ian in iang ing iong]
2) [u ua uo uai uei uan uen uang ueng]
3) [ü üe üan ün]

주의

중요 모음 일수록 음의 길이가 길다라고 했던 것을 기억하자. (발음 마스터 과정 3 참고)
i, u, ü 는 음의 길이가 가장 짧은 모음임을 위의 그림에서 확인할 수 있다. 또한 뒤에 결합된 다른 모음은 상대적으로 길게 발음해준다.

(예) i(이) + a(아) = ia(이아) → ─── : 家 jiā(지아) 집

단독으로 쓰일 때	i 결합모음	자음 [j]와 함께 연습해보자
yi	i	ji
ya	i a	jia
ye [이에]	i e [이에]	jie [지에]
yao	i ao	jiao
you	i ou -iu	jiu
yan [이앤]	i an [이앤]	jian [지앤]
yin	i en -in	jin
yang	i ang	jiang
ying	i eng -ing	jing
yong	i ong	jiong

"e" 는 [으어]로 읽는다.
(예) gē 끄어, hē 흐어
그러나 i+e 결합모음으로 쓰이면 [이에]로 읽어준다. (예) jiějie 지에지에

"an" 은 [안]으로 읽는다.
(예) dàn 딴, nán 난
그러나 i+an 결합모음으로 쓰이면 [이앤] 으로 읽어준다. (예) jiàn 지앤, tiān 티앤

DAY 05 발음학습

단독으로 쓰일 때	u 결합모음	자음 [g]와 함께 연습해보자
wu	u	gu
wa	u a	gua
wo	u o	guo [구어]
wai	u ai	guai
wei	u ei -ui	gui
wan	u an	guan
wen	u en -un	gun
wang	u ang	guang
weng	u eng -ong	gong

"uo" 는 [u+o]으로 각각 음의 길이가 다르지만, 꼭 각각의 음을 다해주어야 한다.
(주의! 한국어에 [워]라는 음이 아니다)
(예) huǒ 후어 (훠 X), guǒ 구어 (궈 X)

단독으로 쓰일 때	ü 결합모음	자음 [x]와 함께 연습해보자
yu	ü	xu
yue	ü e	xue [쉬에]
yuan [위앤]	ü an [위앤]	xuan [쉬앤]
yun	ü en -ün	xun [쉰]

"e" 는 [으어]로 읽는다.
그러나 ü+e 결합모음으로 쓰이면 [위에]로 읽어준다. (예) xué 쉬에

"an" 은 [안]으로 읽는다.
그러나 ü+an 결합모음으로 쓰이면 [위앤]으로 읽어준다.
(예) juàn 쥐앤, xiān 쉬앤

▶ **i / u / ü** 가 단독으로 쓰이는 경우를 보자.

i — **yi** : i 가 단독으로 올 경우 yi 라 기입   (예) 一 yī 일   意 yì 뜻

u — **wu** : u 가 단독으로 올 경우 wu 라 기입   (예) 五 wǔ 오   物 wù 물건

ü — **yu** : ü 가 단독으로 올 경우 yu 라 기입   (예) 鱼 yú 물고기   雨 yǔ 비

◆ " i 결합모음" & "u 결합모음"이 자음과 함께 쓰일 때
   모음이 탈락되는 경우를 보자

iou 단독으로 올 경우 **you** 라 기입. 그러나 이 발음이 자음과 함께 쓰일 때 **–iu** 으로 사용한다.
하지만 탈락된 "**o**"의 음가는 살려 발음하도록 한다.

(예) 有 **yǒu** 있다 // 六 **liù** 육, 酒 **jiǔ** 술, 球 **qiú** 공, 修 **xiū** 수리하다

---

uei 단독으로 올 경우 **wei** 라 기입. 그러나 이 발음이 자음과 함께 쓰일 때 **–ui** 으로 사용한다.
하지만 탈락된 "**e**"의 음가는 살려 발음하도록 한다.

(예) 喂 **wéi** 여보세요 // 贵 **guì** 비싸다, 退 **tuì** 물르다, 对 **duì** 맞다, 会 **huì** 할 줄 알다

---

uen 단독으로 올 경우 **wen** 라 기입. 그러나 이 발음이 자음과 함께 쓰일 때 **–un** 으로 사용한다.
하지만 탈락된 "**e**"의 음가는 살려 발음하도록 한다.

(예) 问 **wèn** 묻다 // 轮 **lún** 바퀴, 困 **kùn** 피곤하다, 棍 **gùn** 막대, 春 **chūn** 봄

▶ **yin** / **ying** / **weng(-ong)** / **yun** 은 **i u ü** 에 각각 비모음 **en, eng, eng, en** 이
결합하여 만들어진 결합 모음이므로 발음할 때 코를 울리는 **[+n]**소리가 나도록 연습한다.

◆ **ian** / **uan** / **üan** 을 구별해보자

    ian ─ **yan**   [이옌]으로 발음   (예) yǎn, qián, jiàn

    uan ─ **wan**   [우안]으로 발음   (예) wǎn, duǎn, chuán

    üan ─ **yuan** [입:오, 음:위 + 앤]으로 발음 (예) yuàn, juǎn, xuǎn

◆ **ju** / **jue** / **juan** / **jun** 에서의 "**u**"는 **ü** 임을 기억하자

j q x 뒤에는 모음 u [우]가 붙지 않는다. 따라서, j q x 뒤에 ü 가 오면, ü 위에 있는 ¨을 생략하고
기입한다. ju, qu, xu 에서 "**u**"는 [우]음이 아니고 무조건 "**ü**" [입모양:오, 소리:위]로 발음해야 한다.

★ 참고 발음마스터과정04 : 5-2 설면음 j q x - 주의에서 언급한 바 있다

▶ 성조는 어느 위치에 표기해야 할까요?

1. 성조는 **모음 위**에 표기한다.

2. 모음이 두 개 이상이면 **"중요모음" 위**에 성조를 찍는다.
   아래는 중요모음 순서이다. (중요모음 일수록 음의 길이가 길다)

   (1) **a** → (2) **o, e** → (3) **i , u , ü**
   (단, i 위에 성조를 찍을 때는 점을 빼고 성조를 찍는다)

3. 아래와 같은 결합모음 ① **u+ei** , ② **i+ou** 는 자음에 붙여 발음할 때 중간에
   ① **e** , ② **o** 를 생략하고 ① **~ui** , ② **~iu** 형태로 기입한다.

   ui 의 경우는 원래 u+ei 의 형태였으므로 (e)가 탈락되었다 해도 **(e)i 쪽의 음이 더 [중요모음]**이 된다.
   따라서 " i " 위에 성조를 찍는다. ★ 참고 발음마스터과정05 : 6.결합모음

   iu 의 경우는 원래 i+ou 의 형태였으므로 (o)가 탈락되었다 해도 **(o)u 쪽의 음이 더 [중요모음]**이 된다.
   따라서 " u " 위에 성조를 찍는다. ★ 참고 발음마스터과정05 : 6.결합모음

   (예) u+ei ： - uei ➡ ~ui   对 duì 맞다   最 zuì 가장
   　　 i+ou ： - iou ➡ ~iu   六 liù 육   酒 jiǔ 술

보충학습하러 갑시다 GoGo!

✏ <II> 숫자학습 & 숫자활용 P.046 숫자활용1-1 시간(1)

STEP 1 발음 마스터 과정 06

🔊 **MP3** 06-1

7. 성조 변화

7-1 제3성의 성조 변화

▶ 제3성이 연속될 때, 앞의 제3성은 제2성으로 발음

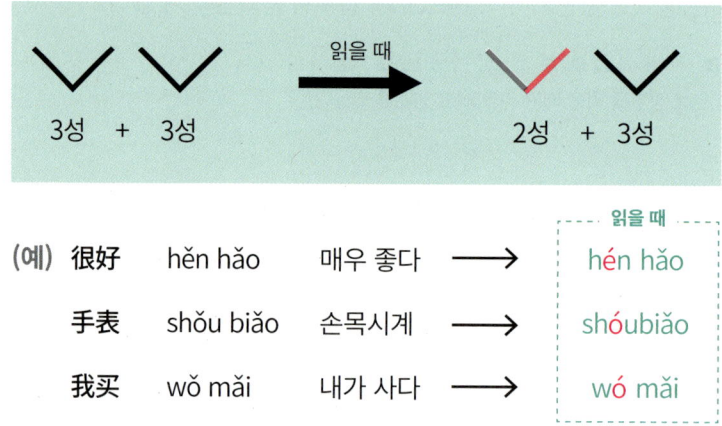

	(예)	很好	hěn hǎo	매우 좋다	→	읽을 때 hén hǎo
		手表	shǒu biǎo	손목시계	→	shóubiāo
		我买	wǒ mǎi	내가 사다	→	wó mǎi

▶ 제3성 뒤에 제1, 2, 4성 및 경성이 올 때는 앞의 3성을 아래로 툭 떨어뜨린 반3성으로 발음한다.

읽을 때			
3성+1성 ↳→	好吃	hǎochī	맛있다
	广州	Guǎngzhōu	광저우
3성+2성 ↳↗	很忙	hěn máng	매우 바쁘다
	很难	hěn nán	매우 어렵다
3성+4성 ↳↘	米饭	mǐfàn	밥
	美式	měishì	아메리카노
3성+경성 ↳∘	奶奶	nǎinai	할머니
	姐姐	jiějie	누나, 언니

7-2 不 bù 의 성조변화

▶ 不 bù 는 뒤에 제4성이 올 때는 제2성으로 발음하고 변화된 성조로 표기한다.

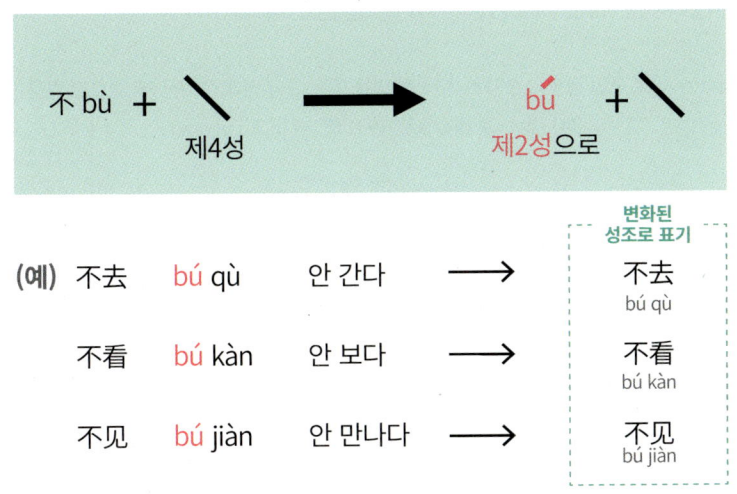

(예)	不去	bú qù	안 간다	⟶	不去 bú qù
	不看	bú kàn	안 보다	⟶	不看 bú kàn
	不见	bú jiàn	안 만나다	⟶	不见 bú jiàn

변화된 성조로 표기

▶ 不 bù 는 나머지 제1성, 제2성, 제3성 앞에서는 성조변화가 없다.

不吃	bù chī	안 먹는다	不喝	bù hē	안 마신다
不学	bù xué	공부 안 한다	不玩	bù wán	안 논다
不买	bù mǎi	안 산다	不给	bù gěi	안 준다

7-3 一 yī 의 성조변화

▶ 一 yī 는 뒤에 제1성, 제2성, 제3성이 올 때는 제4성 : 一 yì 로 발음되며,
뒤에 제4성이 올 때는 제2성 : 一 yí 로 발음한다.

단, 서수(순서)로 쓰일 경우나 숫자로 하나 씩 읽을 때는 그냥 원래 성조인 제1성으로 발음한다.
(예) 第一课 dì yī kè   1991年 : yī jiǔ jiǔ yī nián

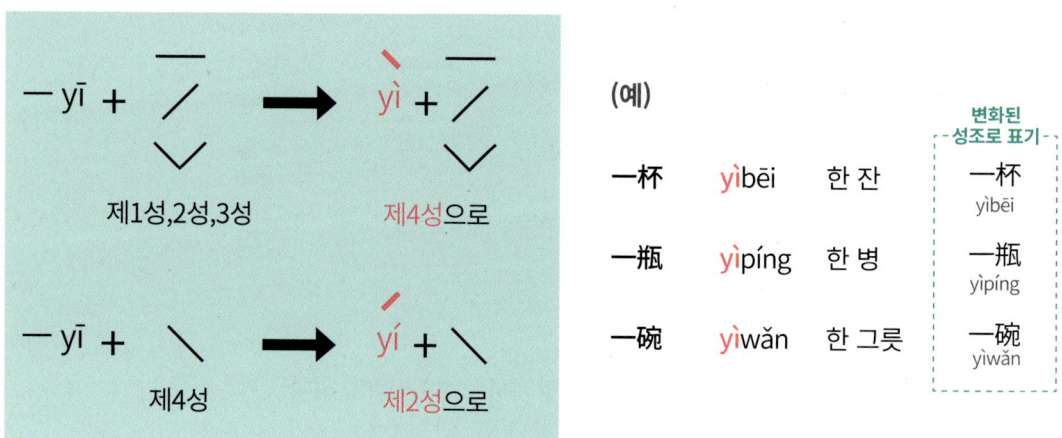

◆ 다음 예문으로 더 연습해보자

一张	yìzhāng	한 장		一支	yìzhī	한 자루: 가늘고 긴 것의 양사
一名	yìmíng	한 명		一条	yìtiáo	한 줄: 긴 것의 양사
一起	yìqǐ	함께		一点	yìdiǎn	조금, 한 시

DAY 06 발음학습

				변화된 성조로 표기
(예) 一件	yíjiàn	한 벌	→	一件 yíjiàn
一样	yíyàng	같다	→	一样 yíyàng
一块	yíkuài	함께, 한 조각	→	一块 yíkuài
一个	yíge	한 개	→	一个 yíge

(个 gè 는 원래 성조가 제4성이나 양사로 쓰일 때는 경성으로 읽어준다.)

※ 不 [bù] bú , 一 [yī] yì / yí 는 성조변화가 일어났을 때 변화된 성조로 기입해준다.

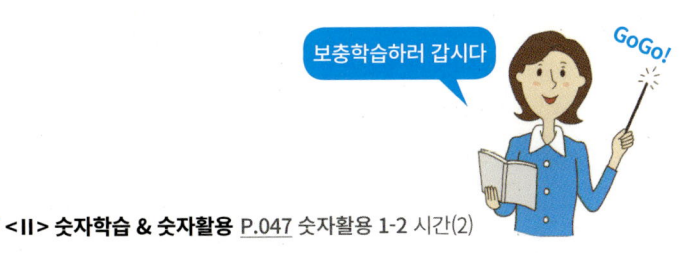

✎ <II> 숫자학습 & 숫자활용 P.047 숫자활용 1-2 시간(2)

STEP 1 발음 마스터 과정 07

🔊 **MP3 07-1**

『발음실전노트』는 중국어 초급 학습을 마친 한국인 학생들을 대상으로 한어병음 읽기테스트를 한 결과 많이 틀렸던 병음을 뽑아내어 구성한 연습 노트입니다.
<발음 시 주의점>을 참고하여 읽어보고, MP3를 들으며 빈칸에 발음을 써보는 연습도 해봅시다

☑ 1성과 2성 연습

1. bēn	2. quē	3. suān	4. kuō	5. cōu
6. xiōng	7. suī	8. xūn	9. shē	10. huāng
11. ruí	12. wá	13. fóu	14. qú	15. rén
16. zhuó	17. qiá	18. hún	19. hóu	20. lóu

Hint 발음 시 주의점

- **1, 15**
  en : [으어] 비슷한 소리로 시작 혀끝을 윗 잇몸에 붙여 [언] 소리로 마무리한다
- **2, 8, 14**
  j q x 뒤의 ü 는 ¨을 생략
- **4, 5, 13, 16, 19, 20**
  복모음 [ou]와 결합모음 [u+o]를 구별 : ou는 하나의 음처럼 [어우]발음, u+o 는 각의 발음을 정확히 발음한다
- **6, 10, 17**
  결합모음i+a / i+ong / u+ang : 결합모음은 음의 길이는 다르나 각각의 발음을 정확히 해주어야 한다
- **12**
  wa 는 u+a, [i u ü]가 자음 없이 단독으로 쓰일 때 표기 : i → yi, u → wu, ü → yu
  w 는 "우" 발음이다
- **7, 11**
  - ui 는 원래 u+ei, 자음과 결합할 때 e가 탈락하여 –ui 의 형태로 쓰이나 e 의 음가는 살려서 발음한다

☑ 3성과 4성 연습

21. fǒ	22. yǒu	23. sěn	24. kuō	25. wǎi
26. cǔn	27. luǎn	28. xiǎ	29. shuǒ	30. zhuǐ
31. huà	32. yùn	33. wàn	34. shuà	35. huài
36. lè	37. zàn	38. zhuàng	39. quàn	40. lià

DAY 07 발음실전노트 1

Hint 발음 시 주의점

- **27, 39**
  luǎn은 l+uǎn(우안) & quàn은 q+üàn (위엔)

- **24, 31, 34, 35**
  u결합모음 u+o, u+a, u+ai : 결합모음은 음의 길이는 다르나 각각의 발음을 정확히 해주어야 한다

- **27, 33, 38**
  u결합모음 u+an, u+ang

- **26**
  -un 는 원래 u+en, 자음과 결합할 때 e가 탈락하여 –un 의 형태로 쓰이나 e 의 음가는 살려서 발음한다

- **30**
  -ui 는 원래 u+ei, 자음과 결합할 때 e가 탈락하여 –ui 의 형태로 쓰이나 e 의 음가는 살려서 발음한다

- **40**
  i 결합모음 i+a : 결합모음은 음의 길이는 다르나 각각의 발음을 정확히 해주어야 한다

✏️ <Ⅱ> 숫자학습 & 숫자활용 P.048 숫자활용 2-1 월/일/요일(1)

SURVIVAL 왕초보편

STEP 1 발음 마스터 과정 08

🔊 **MP3 08-1**

41. shēn	42. huǒ	43. pò	44. jiàn	45. ruán
46. pàn	47. sǎn	48. chuán	49. yào	50. sōu
51. jiǎ	52. tuó	53. jiǎng	54. qiǒng	55. ràn

Hint 발음 시 주의점

- **41, 46, 47, 55**
  비모음 en, an 연습
- **42, 45, 48, 52**
  u 결합모음 u+o, u+an : 결합모음은 음의 길이는 다르나 각각의 발음을 정확히 해주어야 한다
- **44, 51, 53, 54**
  i 결합모음 i+a / i+an / i+ang / i+ong : i+an 은 "이안(X)"이 아니고 "이앤(O)" 으로 발음한다
- **49**
  yao는 i+ao : i 는 앞에 자음이 없으면 y로 기입한다
- **42, 50**
  복모음 [ou]와 결합모음 [u+o]를 구별 : ou는 하나의 음처럼 [어우]발음, u+o 는 각의 발음을 정확히 발음한다

56. shuàn	57. piān	58. yùn	59. jué	60. luó
61. shuāi	62. chūn	63. zé	64. zhuàn	65. yuè
66. ruǒ	67. fèn	68. xǔ	69. sūn	70. jiōng

Hint 발음 시 주의점

- **56, 60, 61, 62, 66, 69**
  u 결합모음 u+o / u+ai / u+an / u+en→un : 결합모음은 각각의 발음을 정확히 해주어야 한다
  –un 는 원래 u+en, 자음과 결합할 때 e가 탈락하여 –un 의 형태로 쓰이나 e 의 음가는 살려서 발음한다

- **57, 70**
  i 결합모음 [i+an] & [i+ong] : i+an 은 "이안(X)"이 아니고 "이앤(O)" 으로 발음한다

- **58, 65**
  yun [ü+n] & yue [ü+e] : ü 앞에 자음이 없으면 yu 로 기입한다

- **59**
  j q x 뒤에 있는 u 는 ü 인 것을 기억하자

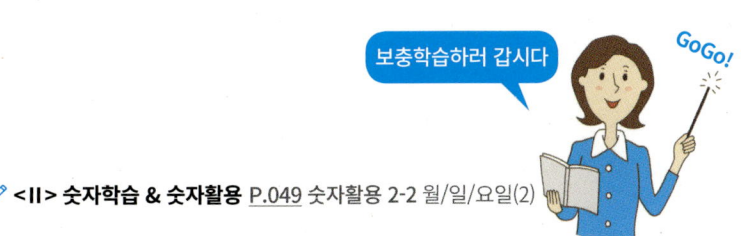

보충학습하러 갑시다 GoGo!

<II> 숫자학습 & 숫자활용 P.049 숫자활용 2-2 월/일/요일(2)

STEP 1 발음 마스터 과정 09

🔊 **MP3 09-1**

71. chuāng	72. huì	73. zhuǎi	74. rě	75. suǒ
76. hē	77. zěn	78. bàn	79. hén	80. cuān
81. yǔ	82. yóng	83. wáng	84. còu	85. shuǐ

Hint 발음 시 주의점

- **71, 73, 75, 80**
  u 결합모음 u+ang / u+ai / u+o / u+an : 결합모음은 음의 길이는 다르나 각각의 발음을 정확히 해주어야 한다

- **74, 76, 77, 79**
  e [으어] & 비모음 en [으언] 연습

- **75, 77, 80, 84**
  설치음 z c s 입을 좌우로 당겨 혀끝을 윗니와 마찰시켜 [쯔], [츠], [쓰] 발음, 설치음과 여러 모음과 결합 연습

- **81, 82, 83**
  i u ü 앞에 자음이 없으면 : i → y, u → w, ü → yu

86. xiàn	87. nuò	88. chuō	89. huàng	90. lán
91. lǎn	92. xué	93. jùn	94. wěn	95. shòu
96. qiáng	97. qiān	98. pén	99. fàn	100. duō

Hint 발음 시 주의점

- **86, 96, 97**
  i 결합모음 : i+an [이앤]으로 발음, i+ang [이앙]으로 발음한다
- **87, 88, 100**
  u결합모음 u+o : 결합모음은 음의 길이는 다르나 각각의 발음을 정확히 해주어야 한다
- **90, 91, 99 & 86, 97**
  [an] & [ian] 구별 : an 은 [안] 으로 읽으나 i+an 은 [이앤]으로 읽는다
- **92, 93**
  j q x 뒤에 있는 u 는 ü 인 것을 기억하자
- **94**
  u 앞에 자음이 없으면 : u → w 로 표기한다
- **95**
  복모음 ou는 하나의 음처럼 [어우]발음

<III> 시간부사 & 의문사 P.050 시간 부사 1

STEP 1 발음 마스터 과정 10

🔊 **MP3** 10-1

101. bō	102. kuà	103. biān	104. chuái	105. cè
106. ruǎn	107. wěi	108. guà	109. cuī	110. qún
111. zǒu	112. liǎng	113. cēn	114. shuāng	115. chuài

Hint 발음 시 주의점

- **101, 111**
  [o] & [ou] 구별 : 단모음 [o]는 "오"에서 시작, 부드럽게 "어" 소리로 넘어가 끌고 간다. 복모음 [ou]는 하나의 음처럼 [어우] 발음한다

- **102, 104, 106, 107, 108, 109, 114, 115**
  u결합모음 : u+a / u+ai / u+ei / u+an / u+ang : 결합모음은 음의 길이는 다르나 각각의 발음을 정확히 해주어야 한다

- **103, 112**
  i 결합모음 : i+an [이앤], i+ang [이앙]

- **105, 113**
  e [으어] 와 en [으언] 발음

- **107**
  u+ei 가 자음 없이 단독으로 쓰일 때 : u 는 u → w 로 표기한다. u+ei → wei

- **109**
  ui 는 원래 u+ei, 자음과 결합할 때 e가 탈락하여 –ui 의 형태로 쓰이나 e 의 음가는 살려서 발음한다

116. ròu	117. rùn	118. zuò	119. wǒ	120. cuì
121. juàn	122. sè	123. zhuā	124. pōu	125. jūn
126. zhǔn	127. chuā	128. guǒ	129. hán	130. chè

Hint 발음 시 주의점

- **116, 118, 119, 124**
  [ou] & [u+o] 구별 : 복모음 [ou]는 하나의 음처럼 [어우] 발음한다. uo는 결합모음이므로 음의 길이는 다르나 각각의 발음을 정확히 해주어야 한다

- **117, 118, 119, 120, 123, 126, 127, 128**
  u결합모음 : u+a / u+o / u+ei / u+en : 결합모음은 음의 길이는 다르나 각각의 발음을 정확히 해주어야 한다

- **120**
  -ui 는 원래 u+ei, 자음과 결합할 때 e가 탈락하여 –ui 의 형태로 쓰이나 e 의 음가는 살려서 발음한다

- **121, 125**
  ü 결합모음 ü+an, ü+en→ ün : üan 은 [위앤]으로 발음, ün 은 [윈]으로 발음한다

- **117, 126**
  -un 는 원래 u+en, 자음과 결합할 때 e가 탈락하여 -un 의 형태로 쓰이나 e 의 음가는 살려서 발음한다

- **121, 125**
  j q x 뒤에 있는 u 는 ü 인 것을 기억하자

✏️ \<Ⅲ\> 시간부사 & 의문사 P.051 시간부사 2

STEP 1 발음 마스터 과정 | 숫자학습 & 숫자활용

BASIC NUMBER 기본 숫자를 배워 봅시다

1 一 yī	2 二 èr	3 三 sān	4 四 sì	5 五 wǔ	6 六 liù
7 七 qī	8 八 bā	9 九 jiǔ	10 十 shí	11 十一 shíyī	12 十二 shí'èr
100 一百 yìbǎi		1000 一千 yìqiān		10000 一万 yíwàn	

★ **참고** 一 yī 는 제1성 제2성 제3성 앞에서는 yì 로 읽고, 제4성 앞에서는 yí 로 읽는다.
발음마스터과정06 : 7-3 [一 yī]의 성조변화

BASIC NUMBER 손가락으로 숫자를 표현해 봅시다

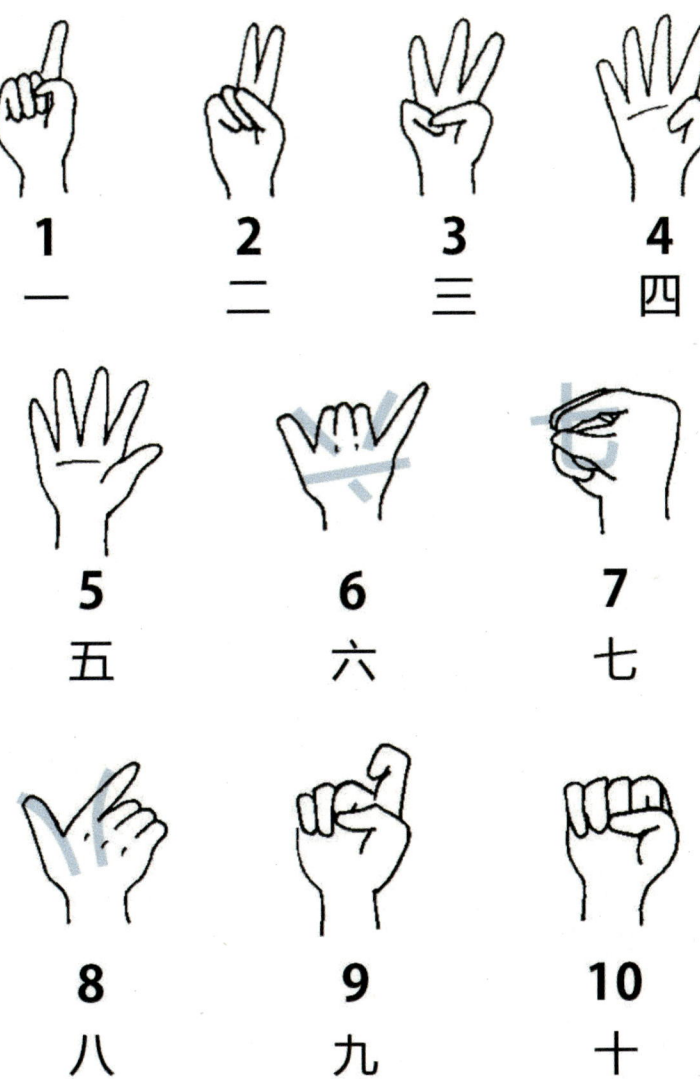

STEP 1 발음 마스터 과정 | 숫자학습 & 숫자활용

기본 숫자를 배워 봅시다

200 两百 liǎngbǎi	2000 两千 liǎngqiān	20000 两万 liǎngwàn
0 零 líng	102 一百零二 yìbǎi líng èr	105 一百零五 yìbǎi líng wǔ
120 一百二十 또는 ☆一百二 yìbǎi èrshí yìbǎi' èr		150 一百五十 또는 ☆一百五 yìbǎi wǔshí yìbǎiwǔ

★ 참고 표에서 102 一百零二 yì bǎi língèr & 120 一百二 yì bǎi èr 을 구별해서 보자. 중국현지에서 一百二十 보다 一百二 을 더 많이 쓰기 때문에 ☆표시한 표현을 잘 알아두도록 하자.

다음 중국돈 읽는 것을 배우고 상품 가격을 말해봅시다

★ 참고 중국어로 "돈"은 钱 qián, "잔돈"은 零钱 língqián 이라고 합니다.

◆ 원 元 (= 块 kuài) & 10전 角 (= 毛 máo)

100元   50元   10元   5角   1角

(예) 123.70元 ➡ 한국어 : 123원 70전
중국어로 말할 때 : 一百二十三块 七毛 yìbǎi èrshí sān kuài qī máo

주의

돈에 그리고 가격이 써있을 때는 원 元 yuán, 10전 角 jiǎo 라고 쓰여있지만
말할 때는 원 块 kuài , 10전 毛 máo 라고 한다

과일사장님이 수박가격을 어떻게 말했을까요?

➡ 三 十 六 块 五 毛 (钱)
sānshíliù kuài wǔmáo (qián)

★ 참고 "这个 多少钱?" 이것은 얼마입니까?
Zhège duōshǎoqián

가방판매원이 말한 三百二 [sānbǎi'èr]은 얼마일까요?

➡ 320원입니다.

320원을 三 百 二 이라고 합니다.
sānbǎi èr

★ 참고 302원은 三 百 零 二 이라고 합니다.
sānbǎi líng èr

숫자를 이용하여 핸드폰 번호와 집 호수를 말해봅시다

| 핸드폰 번호 | 手机号码 shǒujī hàomǎ | 1 5 6 yāo wǔ liù | 0 2 3 4 líng èr sān sì | 3 3 7 7 sān sān qī qī |

주의

100이상의 숫자를 숫자 하나하나씩 말할 때는 一 yī 를 yāo 라고 읽어준다

| 집 호수 | 房间号码 fángjiān hàomǎ | 3号楼 sān hào lóu | 2单元 èr dānyuán | 1804号 yāo bā líng sì hào |

(예) 3동 2문 1804호

DAY 4⁺¹ 숫자학습 2

STEP 1 발음 마스터 과정 | 숫자학습 & 숫자활용

시간 말하기 연습 (1)

◆ 시간 연습에 들어가기 전에 꼭 알아두어야 할 단어 ➡ 点 diǎn

> ▶ 많은 뜻을 가지고 있는 点 [diǎn]은 "점 ·" 이라는 뜻에서 시작한다.
>
> 1. 점 : 3.3 三点三 [sān diǎn sān] 삼점삼
> 2. 시계에 있는 "점"들은 "시"를 말한다. 몇 시 几点 [jǐ diǎn]
> 3. "한점, 한점…"은 "아주 적은 량"을 나타낸다. 조금 一点 [yìdiǎn]
> 4. 식당에서 메뉴판(菜单)에 "점"을 찍는 것은 "주문하는" 것이다.
>   음식을 주문하다 点菜 [diǎncài]

다음 시간을 읽어봅시다

『 几点 jǐdiǎn 몇 시입니까? 』

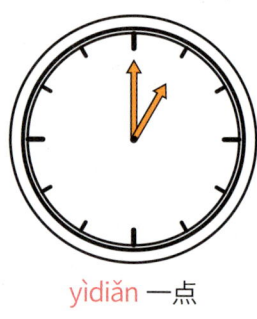
yìdiǎn 一点

liǎngdiǎn 两点

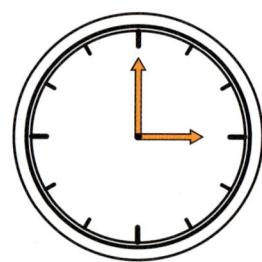
sāndiǎn 三点

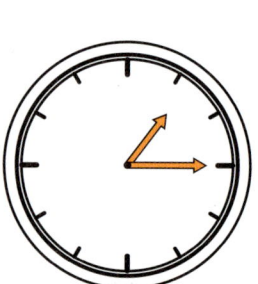
yìdiǎn yíkè 一点一刻

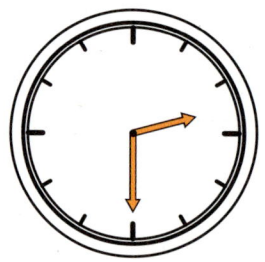
liǎngdiǎnbàn 两点半

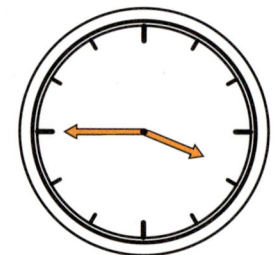
sāndiǎn sānkè 三点三刻

★ 참고 几 jǐ : 몇   半 bàn : 반, 30분   一刻 yíkè : 15분

시간 말하기 연습 (2)

다음 시간을 읽어봅시다

『 现在几点 xiànzài jǐdiǎn 지금 몇 시입니까? 』

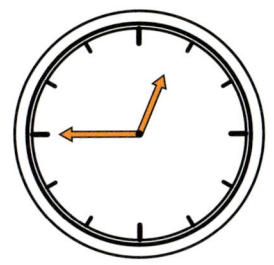 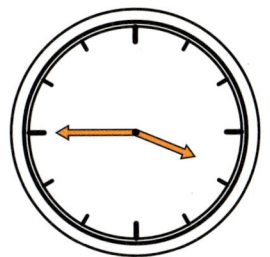

chà yíkè yìdiǎn 差一刻一点   chà yíkè sìdiǎn 差一刻四点

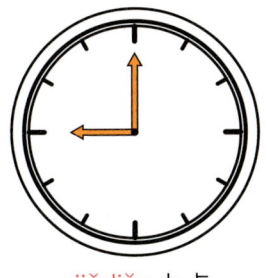  

jiǔdiǎn 九点   shídiǎn shífēn 十点十分   shí'èr diǎn 十二点

★ 참고 现在 xiànzài : 현재, 지금

◆ "4시 15분 전" & "3시 45분"

▶ "4시 15분 전"과 "3시 45분"은 같은 시간이다. 한국어로 전자, 후자 모두 표현할 수 있듯이 중국어도 두 가지 표현이 모두 가능하다.

- 4시 15분 전 ➡ 差一刻四点   chà yíkè sìdiǎn
- 3시 45분 ➡ 三点四十五分 sāndiǎn sìshíwǔfēn , 三点三刻 sāndiǎn sānkè

★ 참고 差 chà : 부족하다, 차이가 나다

STEP 1 발음 마스터 과정 | 숫자학습 & 숫자활용

월, 일, 요일 말하기 연습 (1)

다음 "요일 / 월 / 일" 표현을 배워봅시다

『 星期几 xīngqījǐ 무슨 요일이죠? 』

월요일	화요일	수요일	목요일	금요일	토요일	일요일
星期一	星期二	星期三	星期四	星期五	星期六	星期天
xīngqīyī	xīngqī'èr	xīngqīsān	xīngqīsì	xīngqīwǔ	xīngqīliù	xīngqītiān

『 几月几号 jǐyuè jǐhào 몇 월 며칠입니까? 』

4月

星期一	星期二	星期三	星期四	星期五	星期六	星期天
		1 ①	2	3	4	5
6	7	8	9	10	11	12
13	14 ②	15	16	17	18	19
20	21	22	23	24	25	26 ③
27	28	29	30 ④	5/1	5/2 ⑤	

① 四月一号星期三　　sì yuè yī hào xīngqīsān
② 四月十四号星期二　sì yuè shísì hào xīngqī'èr
③ 四月二十六号星期天　sì yuè èrshíliù hào xīngqītiān
④ 四月三十号星期四　sì yuè sānshí hào xīngqīsì
⑤ 五月二号星期六　　wǔ yuè èr hào xīngqīliù

월, 일, 요일 말하기 연습 (2)

다음을 대답해봅시다

- 你的生日几月几号?
  Nǐ de shēngrì jǐyuè jǐhào

  당신의 생일은 몇 월 며칠입니까?

- 你爸爸的生日几月几号?
  Nǐ bàba de shēngrì jǐyuè jǐhào

  당신 아빠의 생일은 몇 월 며칠입니까?

- 你妈妈的生日几月几号?
  Nǐ māma de shēngrì jǐyuè jǐhào

  당신 엄마의 생일은 몇 월 며칠입니까?

- 你_____的生日几月几号?
  Nǐ_____de shēngrì jǐyuè jǐhào

  당신 _____의 생일은 몇 월 며칠입니까?

STEP 1 발음마스터과정 | 시간부사 & 의문사

여러 가지 시간부사 1

◆ 시간부사 연습에 들어가기 전에 꼭 알아두어야 할 단어
  ⇨ 什么时候 shénmeshíhou

> ▶ 什么时候 는 "언제"라는 의문사이다. 이는 아래의 두 단어의 결합임을 알자.
> shénmeshíhou
>
> 什么 shénme (무슨, 무엇) + 时候 shíhou (때)

그저께	어제	오늘	내일	모레
前天	昨天	今天	明天	后天
qiántiān	zuótiān	jīntiān	míngtiān	hòutiān

재작년	작년	올해	내년	내후년
前年	去年	今年	明年	后年
qiánnián	qùnián	jīnnián	míngnián	hòunián

- 每天 매일
  měitiān
- 最近 최근
  zuìjìn
- 现在 지금, 현재
  xiànzài

早上 아침   上午 오전   中午 정오   下午 오후   晚上 저녁
zǎoshang   shàngwǔ   zhōngwǔ   xiàwǔ   wǎnshang

여러 가지 시간부사 2

##『 ~时候 shíhou ~때 』

- 그 때   那（个）时候   nà(ge)shíhou
- 이 때   这（个）时候   zhè(ge)shíhou
- 밥 먹을 때   吃饭的时候   chīfàn de shíhou
- 정오에 밥 먹을 때   中午吃饭的时候   zhōngwǔ chīfàn de shíhou

##『 以前 yǐqián 이전에 & 以后 yǐhòu 이후에 』

- 그 이전에   那（个）以前   nà(ge) yǐqián
- 밥 먹기 전에   吃饭以前   chīfàn yǐqián
- 그 이후에   那（个）以后   nà(ge) yǐhòu
- 밥 먹은 후에   吃饭以后   chīfàn yǐhòu

지난번	이번	다음번
上次 shàngcì	这次 zhècì	下次 xiàcì
지난 주	**이번 주**	**다음 주**
上（个）星期 shàng(ge)xīngqī	这（个）星期 zhè(ge)xīngqī	下（个）星期 xià(ge)xīngqī
지난 달	**이번 달**	**다음 달**
上（个）月 shàng(ge)yuè	这（个）月 zhè(ge)yuè	下（个）月 xià(ge)yuè

STEP 1 발음마스터과정 | 시간부사 & **의문사**

🔊 **MP3** 11-1

여러가지 의문사

什么	谁	哪	哪儿
shénme	shuí, shéi	nǎ	nǎr
무엇, 무슨	누구	어느	어디

1.	무엇을 원하세요?	要什么？	yào shénme
2.	언제 원하세요?	什么时候要？	shénme shíhou yào
3.	누가 원해요?	谁要？	shuí yào
4.	왜 가세요?	为什么去？	wèishénme qù
5.	언제 가세요?	什么时候去？	shénme shíhou qù
6.	어디로 가세요?	去哪儿？	qù nǎr
7.	누가 가요?	谁去？	shuí qù
8.	누구랑 가요?	跟（=和）谁去？	gēn(=hé) shuí qù
9.	누구랑 함께 가요?	跟（=和）谁一起去？	gēn(=hé) shuí yìqǐ qù
10.	어떻게 가요?	怎么去？	zěnme qù

怎么	几 / 多少	什么时候	为什么
zěnme	jǐ / duōshǎo	shénmeshíhou	wèishénme
어떻게	몇 / 얼마나	언제	왜

11. 당신은 무엇이 있어요?　你有什么?　Nǐ yǒu shénme

12. 몇 개 갖고 있어요?　有几个?　yǒu jǐge

13. 얼만큼 있어요?　有多少?　yǒu duōshǎo

14. 어디에서 드세요?　在哪儿吃?　zài nǎr chī

15. 왜 드세요?　为什么吃?　wèishénme chī

16. 어떻게 먹습니까?　怎么吃?　zěnme chī

17. 언제 먹어요?　什么时候吃?　shénme shíhou chī

18. 몇 분이 드십니까?　几位吃?　jǐwèi chī

19. 무엇을 사세요?　买什么?　mǎi shénme

20. 얼마나 사요?　买多少?　mǎi duōshǎo

STEP 1 발음마스터과정 | 시간부사 & 의문사

🔊 **MP3** 12-1

我的一天 wǒ de yìtiān 나의 하루

我的一天	나의 하루
我早上6点起床[1]。 Wǒ zǎoshang liùdiǎn qǐchuáng	나는 아침 6시에 일어난다.
起床以后，刷牙[2]还洗脸[3]。 Qǐchuáng yǐhòu, shuāyá hái xǐliǎn	일어난 이후에 양치질하고 세수한다.
早上8点打扫房间[4]。 Zǎoshang bādiǎn dǎsǎo fángjiān	아침 8시에 방을 청소하고
打扫以后，穿衣服[5]。 Dǎsǎo yǐhòu, chuān yīfu	청소한 후에 옷을 입는다.
上午九点上课[6]。 Shàngwǔ jiǔdiǎn shàngkè	오전 9시에 수업을 하고
中午12点下课[7]。 Zhōngwǔ shí'èrdiǎn xiàkè	정오 12시에 수업을 마친다.
下课以后，见朋友[8]， Xiàkè yǐhòu jiàn péngyou	수업을 마친 후 친구를 만나,
跟朋友一起聊天儿[9]。 gēn péngyou yìqǐ liáotiānr	친구와 함께 이야기를 나눈다.
下午3点回家[10]。 Xiàwǔ sāndiǎn huíjiā	오후 3시에 집으로 돌아온다.
回家以后，马上做晚饭[11]。 Huíjiā yǐhòu mǎshàng zuò wǎnfàn	집에 돌아온 이후에 바로 저녁을 만든다.
晚上11点睡觉[12]。 Wǎnshang shíyīdiǎn shuìjiào	저녁 11시에 잔다.

❖ 还 hái 그밖에, 아직

여가 활동 (业余活动 yèyú huódòng)

 爬山 pá shān
 画画儿 huà huàr
 唱歌儿 chàng gēr
 跳舞 tiào wǔ

MISSION SURVIVAL CHINESE
BEGINNING

PART 2
서바이벌 회화편

STEP2 단어카드로 배우는 서바이벌 구문

STEP3 중국어 기본기 다지기

STEP4 미션체크 연습문제

PART 1
서바이벌 발음편

STEP1
발음 마스터과정 1
성조, 경성, 반3성

DAY 01

PART 2
서바이벌 회화편

- **STEP2**
  단어카드로 배우는 서바이벌 구문
  단어카드   여러 가지 인사말
  서바이벌구문 1 早上好

- **STEP3**
  중국어 기본기 다지기
  형용사 술어문 1
  第1课 你好吗 안녕하세요

- **STEP4**
  미션체크 연습문제

STEP 2 단어카드로 배우는 서바이벌 구문

🔊 **MP3** 01-2

서바이벌 단어카드 1

早上　好!
Zǎoshang　hǎo

일반적인 인사
你好吗? **nǐ hǎo ma**

아침인사
早上好! **zǎoshang hǎo**

감사합니다
谢谢! **xièxie**

별말씀을요
不客气! **bú kèqi**

미안합니다
不好意思! **bù hǎo yìsi**

괜찮아요
没关系! **méi guānxi**

다시 봐요
再见! **zàijiàn**

다시 봐요
再见! **zàijiàn**

보충단어

· 환영합니다	**欢迎欢迎**	huānyíng huānyíng
· 축하합니다	**恭喜恭喜**	gōngxǐ gōngxǐ
· 말씀 좀 물을게요	**(请)问一下**	(qǐng) wènyíxià
· 잠시 기다리세요	**(请)等一下**	(qǐng) děngyíxià

DAY 01

서바이벌 기초구문 1

> **Zǎoshang hǎo**
> (아침 인사) 안녕하세요
> **早上好!**

早上 아침 + 好 좋다 + (吗) "의문"의 어기조사 "~입니까?"
zǎoshang   hǎo   ma

● **중국에 아침 인사는 "早上好吗? Zǎoshang hǎo ma"**

이것을 직역하면 "아침 안녕하세요?" 입니다.
의문의 어기조사 "吗 ma"를 없애고
"早上好! Zǎoshang hǎo"라 인사해도 되고,

더 줄여서 "早! Zǎo"라는 표현도 많이 사용합니다.
"굿모닝"에서 "굿"을 생략하고 "모닝!" 만 말하는 것으로 생각하시면 됩니다.

你 당신 + 好 좋다 + (吗) "의문"의 어기조사 "~입니까?"
nǐ   hǎo   ma

● **때와 상관 없이 하는 인사는 "你好吗? Nǐ hǎo ma"**

이것을 직역하면 "당신 안녕하세요?" 입니다.
역시 "吗 ma"를 없애고 "你好! Nǐ hǎo"라 해도 됩니다.

STEP 2 단어카드로 배우는 서바이벌 구문

 # 미션샘의 강의노트

xièxie	huānyíng huānyíng	gōngxǐ gōngxǐ
谢谢	欢迎欢迎	恭喜恭喜
감사합니다	환영합니다	축하합니다

➲ 1음절 동사를 중첩할 때는 반복된 두 번째 음을 약하게 경성으로 읽습니다.

● 谢谢 [xièxie], 欢迎欢迎 [huānyíng huānyíng], 恭喜恭喜 [gōngxǐ gōngxǐ]처럼 같은 말을 반복하는 것을 중첩(重叠)이라고 합니다.

"谢+谢"는 1음절 동사 중첩, "欢迎+欢迎, 恭喜+恭喜"는 2음절 동사 중첩입니다.

bú kèqi	bùhǎoyìsi	méi guānxi
不客气	不好意思	没关系
별말씀을요	미안합니다	상관없습니다

➲ "不 bù"는 원래 4성입니다. 그러나 뒤따라 오는 단어의 성조가 4성일 경우에는 "不 bù"는 2성으로 성조변화가 되기 때문에, 不客气 [bú kèqi]로 읽어줍니다. 客气 kèqi 는 "사양하다"라는 뜻으로 不客气는 "사양하지 마세요"라는 표현입니다. (★참고 발음마스터과정06 : 7-2 不 bù 의 성조변화)

● 중국어에서 부정문을 만들 때는 不 [bù] 또는 没（有）[méi (yǒu)]가 쓰입니다.

没（有）[méi (yǒu)]는 "~이(가) 없다"라는 뜻이고, 关系 [guānxi]는 "관계"라는 뜻으로 "没关系 méi guānxi"라고 하면 "관계없습니다. 상관없습니다" 입니다.

bùhǎo	yìsi	bùhǎoyìsi
不好	意思	不好意思
좋지 않다	의미, 뜻	미안하다, 겸연쩍다

➲ "미안합니다"는 对不起 [duìbuqǐ]라는 표현도 있습니다.

- **"미안합니다"라는 표현**으로 초급에서 주로 对不起 [duìbuqǐ]가 많이 소개됩니다. 그러나 실제 현지에서는 不好意思 [bùhǎoyìsi]를 더 많이 사용한답니다.

  不好意思 [bùhǎoyìsi]는 **"미안하다, 겸연쩍다(부끄럽다), 실례합니다"**라는 뜻을 모두 갖고 있습니다. 미안할 때도, 부끄러울 때도, 실례할 때도 사용하니 우리 교재에서는 不好意思 [bùhǎoyìsi]를 먼저 배워둡시다.

zài	jiàn	zàijiàn
再	见	再见
다시, 더	만나다	또 봐요, 안녕히가세요

➲ 再와 见은 앞으로도 많이 활용되니, 한 단어 한 단어 어떤 의미인지 알아둡시다.

wèn	děng	yíxià
问	等	一下
묻다	기다리다	잠시, 좀~할게요

➲ 공손하게 표현할 때, 문장 앞에 请 [qǐng]~ 을 붙여 사용합니다. 실제 현지에서는 자주 생략하여 말합니다.

- (请 qǐng) 问一下 [wèn yíxià], (请 qǐng) 等一下 [děng yíxià]에서 一下 [yíxià]는 동사 뒤에 놓여서 **"좀~할게요, 잠시, 잠깐"** 이라는 뜻으로 쓰입니다. 앞으로 서바이벌 문장에서 많이 등장할 단어입니다.

STEP 2 단어카드로 배우는 서바이벌 구문

미션따라 구문연습
다음 그림을 보면서 『여러가지 인사말 & 상용어』를 말해봅시다.

1.

2.

3.

4.

> **해답**
>
> 1. A: 你好(吗)！   B: 早上好！   2. A: 谢谢！   B: 不客气！
>
> 3. B: 不好意思！   A: 没关系！   4. A: 再见！   B: 再见！

해답

5. 恭喜恭喜！

6. B: 欢迎欢迎！ A: 谢谢！

7. 请问一下！

8. B: 请等一下！ A: 好的! Hǎode
　　　　　　　　　　　　알겠습니다

STEP 3 중국어 기본기 다지기

🔊 **MP3** 01-3
기초 문장 익히기

중국어의 기본 어순

주●어   ▲술어   ■목적어

➡ 중국어의 기본 어순은 주 술 목
➡ 주어와 술어 사이에 부사어(=상황어) ◇가, 술어 뒤에는 술어 보충성분인 보어 ▽가 놓인다.
➡ 어기 조사 ☆는 문장 끝에 놓인다.

오늘의 **기초어법**   형용사 술어문 (1)

- **형용사란:** 사람이나 사물의 성질 또는 상태를 나타내는 품사이다.

- **형용사 술어 문이란:** 형용사가 술어로 쓰인 구문을 형용사 술어문이라 한다. 형용사술어문은 목적어를 갖지 않는다. 제1과에서는 1음절 형용사를 제2과에서는 2음절 형용사를 배운다.

- **어기 조사란:** 문장 끝에서 语气(진술 의문 명령 감탄 변화 등등)을 나타내는 조사를 어기조사라 한다.
  "吗 ma"는 대표적인 의문의 어기조사이다.

生词 새 단어

☐ 我	wǒ	나
☐ 你	nǐ	당신
☐ 他	tā	그
她	tā	그녀
☐ 很	hěn	매우
☐ 不	bù	부정부사
☐ 好	hǎo	좋다
☐ 高	gāo	(키가)크다, 높다
☐ 吗	ma	의문 어기조사

DAY 01

第1课 你好吗?
안녕하세요

형용사 술어문

주●어   ◇ 부사어   ▲술어 (형용사)   ☆ 어기조사

| 你 Nǐ | | 好 hǎo | 吗 ma |
| 我 Wǒ | 很 hěn | 好 hǎo | |

A: Nǐ hǎo ma
   你 好 吗?
B: Wǒ hěn hǎo
   我 很 好。

A: Tā gāo ma
   他 高 吗?
B: Tā bù gāo
   他 不 高

解释 해석

A: 당신은 안녕하십니까?
B: 저는 매우 좋습니다.

A: 그는 (키가) 큽니까?
B: 그는 (키가) 크지 않습니다.

STEP 3 중국어 기본기 다지기

미션샘과 기본기 연습

다음 1음절 형용사 4개를 제1성부터 제4성까지의 순서로 연습해봅시다.

gāo	高	키가) 크다. 높다	→
máng	忙	바쁘다	↗
hǎo	好	좋다	↘
dà	大	크다	↘

gāo

máng

hǎo

dà

◆ 기본 문형 연습 (1)

~입니까 ~吗 ma	매우~ 很 hěn	~하지 않다 不 bù
1. gāo ma 高 吗?	hěn gāo 很 高。	bù gāo 不 高。
2. máng ma 忙 吗?	hěn máng 很 忙。	bù máng 不 忙。
3. hǎo ma 好 吗?	hěn hǎo 很 好。	bù hǎo 不 好。
4. dà ma 大 吗?	hěn dà 很 大。	bú dà 不 大。

1. (키가) 큽니까?   매우 큽니다.   크지 않습니다.
2. 바쁩니까?   매우 바쁩니다. 바쁘지 않습니다.
3. 좋습니까?   매우 좋습니다. 좋지 않습니다.
4. 큽니까?   매우 큽니다.   크지 않습니다.

- **3성의 성조변화** : 3성 뒤에 또 3성이 올 경우 앞의 3성은 2성으로 발음합니다.
  很好 [hénhǎo] : hěn 을 2성(↗)으로 발음

- **不 bù 의 성조변화** : "不 bù" 는 원래 4성입니다. 不好 [bùhǎo]
  그러나 바로 따라오는 단어의 성조가 4성일 경우에는 2성으로 읽어줍니다. 不大 [bú dà]
  ★참고 발음마스터과정06 : 7-1 3성의 성조변화, 7-2 不 bù 의 성조변화

STEP 3 중국어 기본기 다지기

미션샘과 기본기 연습
다음 1음절 형용사 4개를 제1성부터 제4성까지의 순서로 연습해봅시다.

xīn	新	새롭다	→
nán	难	어렵다	↗
lǎo	老	늙다, 질기다	↘
kuài	快	빠르다	↘

◆ 기본 문형 연습 (2)

~ 입니까 ～吗 ma	매우 ~ 很 hěn	~ 하지 않다 不 bù
1. xīn ma 新 吗？	hěn xīn 很 新。	bù xīn 不 新。
2. nán ma 难 吗？	hěn nán 很 难。	bù nán 不 难。
3. lǎo ma 老 吗？	hěn lǎo 很 老。	bù lǎo 不 老。
4. kuài ma 快 吗？	hěn kuài 很 快。	bú kuài 不 快。

1. 새롭습니까?   매우 새롭습니다.   새롭지 않습니다.
2. 어렵습니까?   매우 어렵습니다.   어렵지 않습니다.
3. 늙었습니까?   매우 늙었습니다.   늙지 않았습니다.
4. 빠릅니까?   매우 빠릅니다.   빠르지 않습니다.

STEP 4 미션체크 연습문제

1. 다음 주어진 병음에 제1성~제4성까지 그려봅시다.

① 1성그리기	gao (高)	guan (关)	huan (欢)	gong (恭)
② 2성그리기	nan (难)	mei (没)	ying (迎)	mang (忙)
③ 3성그리기	lao (老)	zao (早)	qing (请)	deng (等)
④ 4성그리기	kuai (快)	bu (不)	zai (再)	jian (见)

2. 『반3성+제4성』 시작과 힘 포인트 생각하며 점선을 따라 그리며 연습해봅시다.

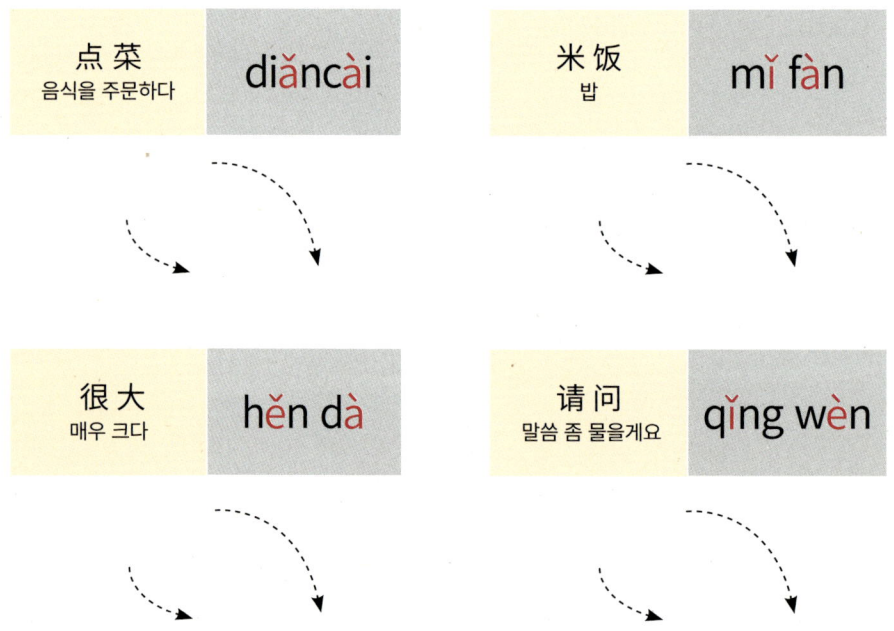

点菜 음식을 주문하다 — diǎncài

米饭 밥 — mǐ fàn

很大 매우 크다 — hěn dà

请问 말씀 좀 물을게요 — qǐng wèn

DAY 01

3. 다음 주어진 성분명칭을 중국어 기본 어순표에 넣어봅시다.

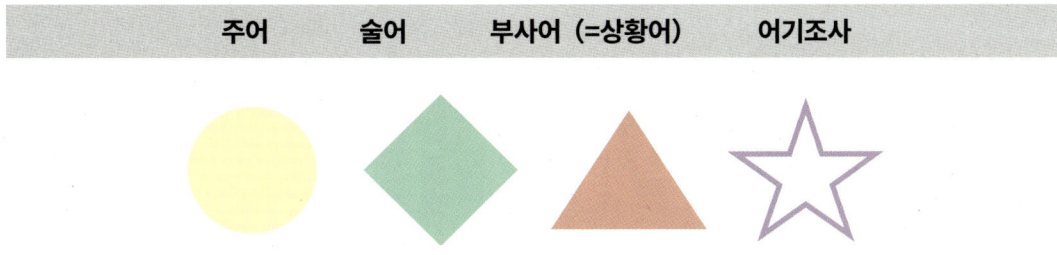

| 주어 | 술어 | 부사어 (=상황어) | 어기조사 |

- **어기조사** : 문장 끝에서 语气(진술 의문 명령 감탄 변화 등등)을 나타내주는 성분을 어기조사라 합니다.
  "吗 ma"는 대표적인 의문의 어기조사 입니다.

4. 제1강 형용사 8개를 힌트를 보면서 병음을 쓰고 성조를 넣어봅시다.

제 1 성	제 2 성	제 3 성	제 4 성
• 높다 高 gao	• 바쁘다 忙 mang	• 좋다 好 hao	• 크다 大 da
• 새롭다 新 xin	• 어렵다 难 nan	• 늙다 老 lao	• 빠르다 快 kuai

5. 다음 그림을 보고 중국에서 자주 사용하는 상용어를 말해봅시다.

| 아침인사 | 미안해요 | 잠시 기다려 주세요 | 상관없습니다 |

←

PART 1
서바이벌 발음편

STEP1
발음 마스터과정 2
성조조합읽기
경성읽기

DAY 02

PART 2
서바이벌 회화편

STEP2
단어카드로 배우는 서바이벌 구문

단어카드　　식당에서
서바이벌구문 2 服务员, 请给我菜单

STEP3
중국어 기본기 다지기

형용사 술어문 2
第2课　这个很便宜 이것은 매우 쌉니다

STEP4
미션체크 연습문제

STEP 2 단어카드로 배우는 서바이벌 구문

🔊 **MP3** 02-2

서바이벌 단어카드 2

> 服务员, 给 我 菜单!
> Fúwùyuán, gěi wǒ càidān

叉子
chāzi

포크

盘子
pánzi

접시

碗
wǎn

그릇

剪子
jiǎnzi

가위

冰水
bīngshuǐ

찬물

勺子
sháozi

숟가락

米饭
mǐfan

쌀밥

筷子
kuàizi

젓가락

DAY 02

서바이벌 기초구문 2

Fúwùyuán, gěi wǒ càidān
저기요, 저에게 메뉴판을 주세요
服务员，给我菜单!

服务 서비스 ＋ 员 (직)원   ■ 종업원 : 服务员
fúwù   yuán

- **식당에서 종업원을 부를 때,** 한국에선 "저기요! 여기요!" 하지만, 중국에서는 "복무원 (종업원)"이라 합니다. 이 단어는 중국어를 시작하시는 학생들에게 발음하기 쉽지 않습니다. 위에서와 같이 服务 fúwù (푸우) 와 员 yuán (위앤) 을 떨어뜨려서 연습하세요.

给 주세요 ＋ 我 나   ■ 저에게 ~을 주세요 : 给我 ~
gěi   wǒ

- gěi wǒ~ [3성+3성]일 때는 앞에 3성이 2성으로 성조 변화됩니다. **이것을 읽을 때는 2성 + 3성**으로 읽어줘야 합니다. ★참고 발음마스터과정06 : 발음편 7-1 3성의 성조변화

菜 음식 ＋ 单 (종이) 쪽지   ■ 메뉴판 : 菜单
cài   dān

- 菜 cài 는 "음식", ~ 单 dān 은 "(종이) 쪽지"라는 뜻입니다. "음식쪽지"이것이 바로 "메뉴판"입니다.
- 성조가 없는 언어를 하는 한국인에게 가장 힘든 성조 조합이 [4성+1성]입니다. 아래로 뚝 떨어진 음을 다시 "솔"의 음으로 올려야 해서 음폭이 크기 때문입니다. 앞4성의 시작점과 힘 포인트를 주의해서 연습합시다.

STEP 2 단어카드로 배우는 서바이벌 구문

 # 미션샘의 강의노트

chā zi	pán zi	sháo zi	jiǎn zi	kuài zi
叉子	盘子	勺子	剪子	筷子
포크	접시	숟가락	가위	젓가락

➲ 가위 剪子 [jiǎnzi]는 剪刀 [jiǎndāo]라고도 합니다.

● **중국어에서 명사 단어를 만들 때** 주로 子 zi (혹은 头 tóu, 儿 er)를 붙입니다. 따라서 **사물 단어** ~子 형태를 많이 보게 될 것입니다.

kuàizi	kuài	kuài
筷子	快	块
젓가락	빠르다	조각, 덩이, 원

➲ "快"의 왼쪽 忄부수를 土 로 바꾸면 "块", 역시 kuài 입니다. 덩이, 조각을 세는 양사이기도 하고 중국의 화폐단위(원)이기도 합니다.

● 젓가락 筷子 kuàizi 에서 kuài 筷 글자만 봅시다. 위의 "竹" (뜻 담당) 부수를 떼어 내면 "快 kuài" 빠르다 (음 담당) 입니다.

중국 글자는 이처럼 **"뜻" + "음"** 으로 이루어진 글자가 많습니다.
이를 **형성자(形声字)**라 하는데, 형성자는 전체 한자의 약 80%를 차지합니다.

◎ 점선을 그리며 경성 높이를 생각하며 연습해봅시다.

chā zi 叉子	pán zi 盘子	jiǎn zi 剪子	kuàizi 筷子
1성 + 경성	2성 + 경성	3성 + 경성	4성 + 경성
포크	접시	가위	젓가락

◎ 다음을 화살표를 보면서 읽기 연습해봅시다.

저기요! (종업원 부를 때) fú wù yuán 服务员	저에게 메뉴판 주세요! gěi wǒ cài dān 给我菜单
저에게 찬물 주세요! gěi wǒ bīng shuǐ 给我冰水	저에게 가위 주세요! gěi wǒ jiǎn zi 给我剪子
저에게 숟가락 주세요! gěi wǒ sháo zi 给我勺子	저에게 밥 주세요! gěi wǒ mǐ fàn 给我米饭

STEP 2 단어카드로 배우는 서바이벌 구문

미션따라 구문연습
다음 단어를 읽어보고 다음 구문에 넣어 연습해봅시다.

➡ 给我 ~ : 저에게 ~ 주세요
　gěiwǒ

1.

2.
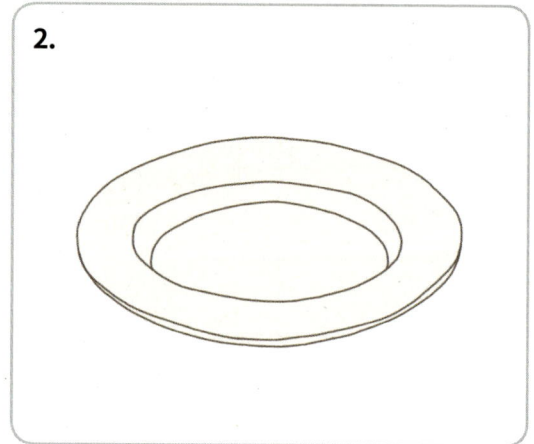

3.

4.

해답

1. 叉子　　2. 盘子　　3. 碗　　4. 剪子 (=剪刀 jiǎndāo)

해답

5. 冰水   6. 勺子   7. 米饭   8. 筷子

STEP 3 중국어 기본기 다지기

🔊 **MP3 02-3**

중국어의 기본 어순

주●어   ▲술어   ■목적어

➡ 중국어의 기본 어순은 주 술 목
➡ 주어와 술어 사이에 부사어(=상황어) ◇가, 술어 뒤에는 술어 보충성분인 보어 ▽가 놓인다.
➡ 어기 조사 ☆는 문장 끝에 놓인다.

오늘의 **기초어법**   형용사 술어문 (2)

- **음절**이란: 한자는 한글자 만으로 뜻과 음을 가질 수 있다. 한자 한글자 한글자를 음절이라고 한다.

    예) 好 hǎo : 1음절 (=단음절),
        好吃 hǎochī : 2음절(=쌍음절)

生词 새 단어

☐ 这个	zhège	이것
☐ 那个	nàge	이것
☐ 贵	guì	비싸다
☐ 便宜	piányi	싸다
☐ 好看	hǎokàn	보기좋다, 예쁘다

DAY 02

第2课 这个很便宜
이것은 매우 쌉니다

형용사 술어문

주●어  형용사 술●어 ☆
부사어 어기조사

| 这个 zhège | | 贵 guì | 吗 ma |
| 这个 zhège | 很 hěn | 便宜 piányi | |

A： **Zhège guì ma**
　　这个 贵 吗?

B： **Zhège hěn piányi**
　　这个 很 便宜。

A： **Nàge hěn hǎokàn**
　　那个 很 好看。

B： **Nàge bù piányi**
　　那个 不 便宜。

解释 해석

A： 이것은 비쌉니까?
B： 이것은 매우 쌉니다.
A： 저것은 매우 보기좋습니다.
B： 저것은 싸지 않아요.

STEP 3 중국어 기본기 다지기

미션샘과 기본기 연습

다음 2음절 형용사 4개를 시작음 제1성부터 제4성까지의 순서로 연습해봅시다.

병음	한자	뜻	성조
cōngming	聪明	똑똑하다, 총명하다	→ ·
piányi	便宜	싸다	↗ ·
hǎochī	好吃	맛있다	↘→
piàoliang	漂亮	아름답다, 예쁘다	↘ ·

◆ 기본 문형 연습 (1)

~입니까 ～吗 ma	매우 ~ 很 hěn	~하지 않다 不 bù
1. cōngming ma 聪明吗?	hěn cōngming 很聪明。	bù cōngming 不聪明。
2. piányi ma 便宜吗?	hěn piányi 很便宜。	bù piányi 不便宜。
3. hǎochī ma 好吃吗?	hěn hǎochī 很好吃。	bù hǎochī 不好吃。
4. piàoliang ma 漂亮吗?	hěn piàoliang 很漂亮。	bú piàoliang 不漂亮。

1. 똑똑합니까?   매우 똑똑합니다.   똑똑하지 않습니다.
2. 쌉니까?   매우 쌉니다.   싸지 않습니다.
3. 맛있습니까?   매우 맛있습니다.   맛없습니다.
4. 예쁩니까?   매우 예쁩니다.   예쁘지 않습니다.

STEP 3 중국어 기본기 다지기

미션샘과 기본기 연습

다음 2음절 형용사 4개를 시작음 제1성부터 제4성까지의 순서로 연습해봅시다.

xīnxiān	新鲜	신선하다	→ →
róngyì	容易	쉽다	↗ ↘
hǎokàn	好看	보기좋다 예쁘다	∨ ↘
kuàilè	快乐	즐겁다	↘ ↘

◆ 기본 문형 연습 (2)

~입니까 ～吗 ma	매우~ 很 hěn	~하지 않다 不 bù
1. xīnxiān ma 新鲜吗？	hěn xīnxiān 很新鲜。	bù xīnxiān 不新鲜。
2. róngyì ma 容易吗？	hěn róngyì 很容易。	bù róngyì 不容易。
3. hǎokàn ma 好看吗？	hěn hǎokàn 很好看。	bù hǎokàn 不好看。
4. kuàilè ma 快乐吗？	hěn kuàilè 很快乐。	bú kuàilè 不快乐。

1. 신선합니까? 매우 신선합니다. 신선하지 않습니다.
2. 쉬워요? 매우 쉬워요. 쉽지 않습니다.
3. 예쁩니까? 매우 예쁩니다. 예쁘지 않습니다.
4. 즐겁습니까? 매우 즐겁습니다. 즐겁지 않습니다.

STEP 4 미션체크 연습문제

1. 다음 주어진 병음에 제1성~제4성까지 그려봅시다.

① 1성그리기	cha (叉)	xin (新)	xian (鲜)	cong (聪)
② 2성그리기	shao (勺)	rong (容)	pian (便)	ming (明)
③ 3성그리기	jian (剪)	shui (水)	mi (米)	wan (碗)
④ 4성그리기	kuai (筷)	le (乐)	kan (看)	piao (漂)

2. 다음 『2성+경성, 4성+경성』을 점선을 따라 그리며 연습해봅시다.

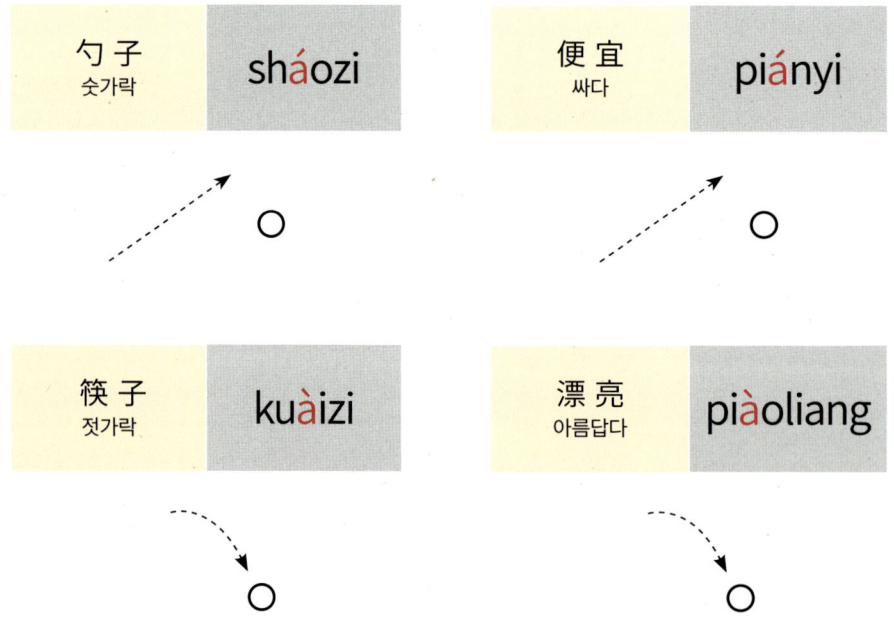

DAY 02

3. 다음 중국어 기본 어순표를 참고하여 아래 단어에서 선택하여 문장을 만들어 봅시다.

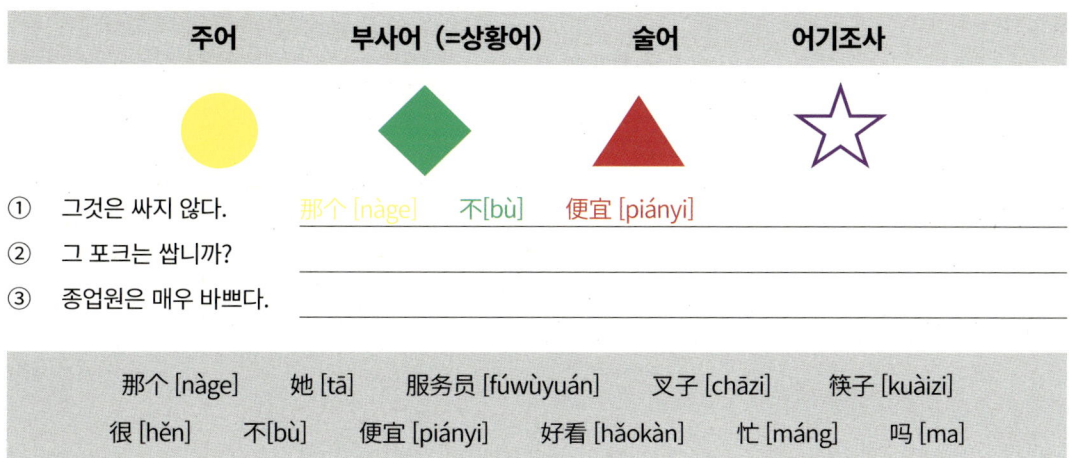

주어	부사어 (=상황어)	술어	어기조사
●	◆	▲	☆

① 그것은 싸지 않다.　　那个 [nàge]　　不 [bù]　　便宜 [piányi]
② 그 포크는 쌉니까?
③ 종업원은 매우 바쁘다.

那个 [nàge]　　她 [tā]　　服务员 [fúwùyuán]　　叉子 [chāzi]　　筷子 [kuàizi]
很 [hěn]　　不 [bù]　　便宜 [piányi]　　好看 [hǎokàn]　　忙 [máng]　　吗 [ma]

4. 다음 형용사 8개를 힌트를 보면서 병음을 쓰고 성조를 넣어봅시다.

제 1 성	제 2 성	제 3 성	제 4 성
• 신선하다 新鲜 xinxian	• 싸다 便宜 pianyi	• 보기좋다 好看 haokan	• 예쁘다 漂亮 piaoliang
• 똑똑하다 聪明 congming	• 쉽다 容易 rongyi	• 맛있다 好吃 haochi	• 즐겁다 快乐 kuaile

5. 식당에서 종업원에게 그림에 있는 것을 요구하는 연습을 해봅시다.

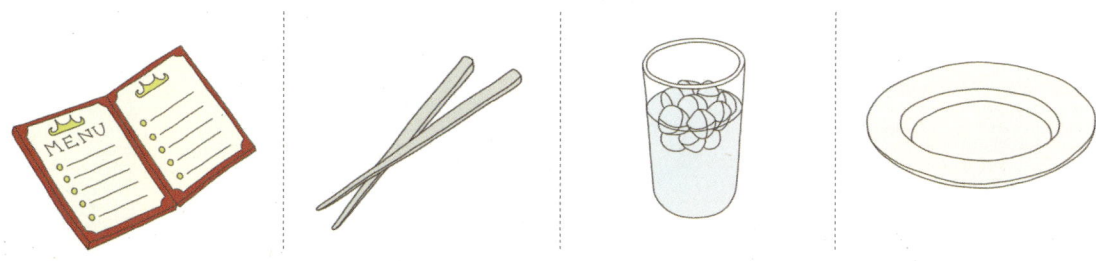

PART 1
서바이벌 발음편

STEP1

발음 마스터과정 3
단모음 / 복모음 / 비모음 / 권설모음
숫자 학습 1

DAY 03

PART 2
서바이벌 회화편

STEP2
단어카드로 배우는 서바이벌 구문

단어카드　　　가족구성원
서바이벌구문 3　谁的妈妈, 谁的爸爸

STEP3
중국어 기본기 다지기

동사 술어문 1
第3课 我要菜单 저는 메뉴판을 원해요

STEP4
미션체크 연습문제

STEP 2 단어카드로 배우는 서바이벌 구문

🔊 **MP3** 03-2

서바이벌 단어카드 3

谁 的 妈妈, 谁 的 爷爷
shuí de māma, shuí de yéye

할아버지
爷爷 yéye

할머니
奶奶 nǎinai

외할아버지
老爷 lǎoyé

외할머니
姥姥 lǎolao

삼촌, 아저씨
叔叔 shūshu

아빠
爸爸 bàba

엄마
妈妈 māma

이모, 아줌마
阿姨 āyí

형, 오빠
哥哥 gēge

누나, 언니
姐姐 jiějie

나
我 wǒ

남동생
弟弟 dìdi

여동생
妹妹 mèimei

보충단어

- 아이 **孩子** háizi
- 아들 **儿子** érzi
- 딸 **女儿** nǚ'ér

- 중국어로 호칭할 때 친근하게 부르는 단어들이 있습니다.
  (예) 아이, 아가는 宝宝 bǎobao, 젊은 아저씨는 叔叔 shūshu, 아줌마는 阿姨 āyí

서바이벌 기초구문 3

shuíde māma, shuíde yéye
누구의 엄마, 누구의 할아버지
谁的妈妈，谁的爷爷

谁 누구   的 의   妈妈 엄마   ■ 한정어 的 중심어
shuí   de   māma

- 谁 shuí (= shéi)는 "**누구, 누가**"라는 의문사입니다.
- 的 de "**~ 의, ~ 한**" : 명사를 수식하는 말을 중국어에서는 **한정어**라고 합니다. 명사를 수식할 때 필요한 的 de 를 기억하세요.
- 的 de 의 **뒤에 중심어가 없으면** "**~ 의 것**" 的 de 는 **명사화** 할 수 있습니다.
  ⇨ 谁的 shuíde 누구의 것 / 我的 wǒde 나의 것 / 你的 nǐde 너의 것

我(的)妈妈 우리 엄마 / 他(的)妈妈 그의 엄마
wǒ(de)māma   tā(de)māma

- 的 de 의 생략 : **가족이나 소속 집단을 수식할 때** "**的**"를 생략할 수 있습니다.

STEP 2 단어카드로 배우는 서바이벌 구문

미션샘의 강의노트

nǎinai	niúnǎi	suānnǎi	nǎiyóu
奶奶	牛奶	酸奶	奶油
할머니	우유	요구르트	크림, 버터

➲ **할머니** : 奶奶 nǎinai 이 한자를 잘 봐둡시다. 奶 nǎi 한 글자 만은 "젖"이라는 뜻이고 우유를 대신하는 말로 합성어를 만듭니다.

- 우유: 牛 niú (소) + 奶 nǎi (젖), 요구르트: 酸 suān (시다) + 奶 nǎi (우유),
  크림, 버터: 奶 nǎi (우유) + 油 yóu (기름)

shūshu	āyí	bǎobao / bǎobèi
叔叔	阿姨	宝宝 / 宝贝
삼촌, 아저씨	이모, 아줌마	아기

- 叔叔 shūshu 는 "삼촌"이라는 뜻도 있지만 **젊은 남자를 친근하게 아저씨 부르는 호칭**이기도 합니다. 阿姨 āyí 역시 "이모"란 뜻도 있고, **친근하게 아주머니를 부르는 호칭**이기도 합니다.

- "아이"는 孩子 háizi 라는 단어가 있지만, **어린 아이를 부를 때**, 주로 **보배**라는 뜻으로 宝宝 bǎobao 또는 宝贝 bǎobèi 라고 부릅니다.

◎ 점선을 그리며 경성 높이를 생각하며 연습해봅시다.

māma 妈妈	yéye 爷爷	nǎinai 奶奶	bàba 爸爸
1성 + 경성	2성 + 경성	3성 + 경성	4성 + 경성
→○	↗○	⌣○	↘○
엄마	할아버지	할머니	아빠

◎ 다음을 화살표를 보면서 읽기 연습해봅시다.

누구의 삼촌 shuí de shūshu 谁的叔叔	누구의 아이 shuí de háizi 谁的孩子
↗○ ----→○	↗○ ↗○
누구의 외할머니 shuí de lǎolao 谁的姥姥	누구의 여동생 shuí de mèimei 谁的妹妹
↗○ ⌣○	↗○ ↘○

◎ 다음 [형용사 的 중심어] 형태를 연습해봅시다.

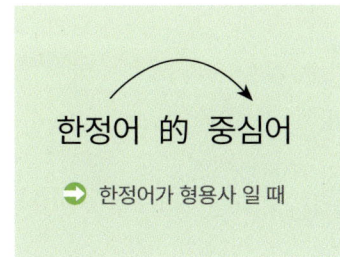

한정어가 형용사 일 때

☐	便宜的叉子	piányi de chāzi	싼 포크
☐	便宜的筷子	piányi de kuàizi	싼 젓가락
☐	聪明的孩子	cōngming de háizi	똑똑한 아이
☐	漂亮的姐姐	piàoliang de jiějie	아름다운 언니(누나)
☐	快乐的哥哥	kuàilè de gēge	즐거운 오빠(형)

STEP 2 단어카드로 배우는 서바이벌 구문

미션따라 구문연습
다음 단어를 읽어보고 다음 구문에 넣어 연습해봅시다.

➡ **谁 的** _____ : **누구의** _____
　　shuí de

1. 할아버지 / 할머니

2. 외할아버지 / 외할머니

3. 아빠 / 엄마

4. 형 (오빠) / 누나 (언니)

해답

1. 爷爷 奶奶
2. 姥爷 姥姥
3. 爸爸 妈妈
4. 哥哥 姐姐

5. 남동생 / 여동생	6. 아이

7. 삼촌 (젊은 아저씨)	8. 이모 (아줌마)

해답

5. 弟弟 妹妹
6. 孩子
7. 叔叔
8. 阿姨

STEP 3 중국어 기본기 다지기

🔊 **MP3** 03-3

중국어의 기본 어순

주●어   ▲술어   ■목적어

➡ 중국어의 기본 어순은 주 술 목
➡ 주어와 술어 사이에 부사어(=상황어) ◇가, 술어 뒤에는 술어 보충성분인 보어 ▽가 놓인다.
➡ 어기 조사 ☆는 문장 끝에 놓인다.

오늘의 **기초어법**   동사 술어문 (1)

- **동사 술어문이란** : 동사가 술어로 쓰인 구문을 동사 술어문이라 한다. 제3과에서는 1음절 동사를 제4과에서는 2음절 동사를 배운다.

＊중국어의 의문문＊

1. **吗 의문문** : 吗 는 의문의 어기조사라 한다. 한국어에 "～ 까?"에 해당하는 말이다. 서술문에 吗를 붙여 의문문을 만들 수 있다.

2. **긍정부정 의문문** : 술어를 긍정, 부정 형식으로 만들어서 의문문을 만들 수 있다. 이를 긍정부정 의문문이라 한다.

이때는 문장 끝에 "吗"를 쓰지 않는다.

生词 새 단어

☐ 要	yào	원하다
☐ 菜单	càidān	메뉴판
☐ 吃	chī	먹다
☐ 饭	fàn	밥
☐ 只	zhǐ	단지
☐ 茶	chá	차

DAY 03

第3课 我要菜单
저는 메뉴판을 원합니다

你		吃	饭	吗？
Nǐ		chī	fàn	ma
我	只	要	茶	
Wǒ	zhǐ	yào	chá	

A : **Nǐ yàobúyào càidān**
　　你　要不要　菜单？

B : **Wǒ yào càidān**
　　我　要　菜单。

A : **Nǐ chī fàn ma**
　　你 吃 饭 吗？

B : **Wǒ bù chī. Wǒ zhǐ yào chá**
　　我 不 吃。我 只 要 茶。

解释 해석

A : 당신은 메뉴판을 원합니까?

B : 저는 메뉴판을 원합니다.

A : 당신은 식사합니까?

B : 저는 먹지 않아요.
　　단지 차를 원합니다.

STEP 3 중국어 기본기 다지기

미션샘과 기본기 연습

다음 1음절 동사 4개를 제1성부터 제4성까지의 순서로 연습해봅시다.

hē	喝	마시다	→
ná	拿	잡다, 가지다	↗
mǎi	买	사다	↘·
yào	要	필요하다, 원하다	↘

东西 dōngxi
물건

◆ 기본 문형 연습 (1)

	~ 입니까 ~ 吗 ma	~ 입니까 아닙니까 ~ 不 ~ ~ bù ~	~ 하지 않다 不 bù
1.	hē ma 喝 吗?	hē bù hē 喝 不 喝?	bù hē 不 喝。
2.	ná ma 拿 吗?	ná bù ná 拿 不 拿?	bù ná 不 拿。
3.	mǎi ma 买 吗?	mǎi bù mǎi 买 不 买?	bù mǎi 不 买。
4.	yào ma 要 吗?	yào bú yào 要 不 要?	bú yào 不 要。

1. 마십니까? 마셔요 안마셔요? 안 마십니다.
2. 가져올까요? 가져올까요? 안가져옵니다.
3. 삽니까? 사요 안사요? 안 삽니다.
4. 원합니까? 원해요 안원해요? 필요없습니다.

◆ 다음 질문에 왼쪽 그림을 보면서 대답해봅시다.

① 喝不喝咖啡? hē bù hē kāfēi ➔ 喝咖啡。 커피를 마셔요.
② 拿不拿盘子? ná bù ná pánzi ➔ 拿盘子。 접시를 가져와요.
③ 买不买东西? mǎi bù mǎi dōngxi ➔ 买东西。 물건을 삽니다.
④ 要不要牛奶? yào bú yào niúnai ➔ 要牛奶。 우유를 원해요.

STEP 3 중국어 기본기 다지기

미션샘과 기본기 연습

다음 1음절 동사 4개를 제1성부터 제4성까지의 순서로 연습해봅시다.

jiā	加	추가하다 더하다, 넣다	→
xué	学	배우다	↗
xǐ	洗	씻다	↘
shàng	上	오르다, 올리다	↘

jiā

xué

汉语 hànyǔ
중국어

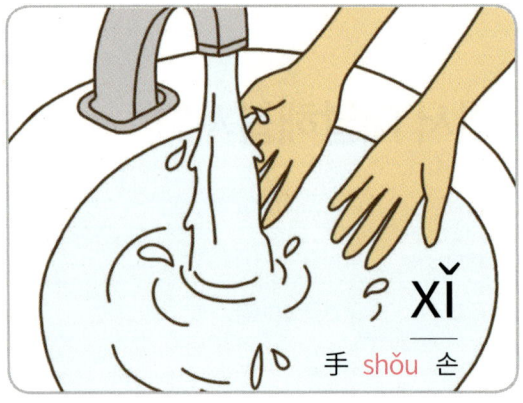

xǐ

手 shǒu 손

shàng

课 kè 수업

◆ 기본 문형 연습 (2)

	~ 입니까 ~ 吗 ma	~ 입니까 아닙니까 ~ 不 ~ ~ bù ~	~ 하지 않다 不 bù
1.	jiā ma 加 吗？	jiā bù jiā 加 不 加？	bù jiā. 不 加。
2.	xué ma 学 吗？	xué bù xué 学 不 学？	bù xué 不 学。
3.	xǐ ma 洗 吗？	xǐ bù xǐ 洗 不 洗？	bù xǐ 不 洗。
4.	shàng ma 上 吗？	shàng bú shàng 上 不 上？	bú shàng 不 上。

1. 추가합니까? 추가해요 안해요? 추가하지 않습니다.
2. 배워요? 배워요 안배워요? 배우지 않습니다.
3. 씻을까요? 씻을까요? 안씻어요.
4. 올릴까요? 올릴까요? 올리지 않습니다.

◆ 다음 질문에 왼쪽 그림을 보면서 대답해봅시다.

①	加不加水？	jiā bù jiā shuǐ	➜	加水。	물 더 넣어요.
②	学不学汉语？	xué bù xué hànyǔ	➜	学汉语。	중국어 공부합니다.
③	洗不洗手？	xǐ bù xǐ shǒu	➜	洗手。	손 씻습니다.
④	上不上课？	shàng bú shàng kè	➜	上课。	수업합니다.

STEP 4 미션체크 연습문제

1. 다음 주어진 색칠한 모음에 제1성~제4성까지 그려봅시다.

① 1성그리기	ayí (阿姨)	hǎochi (好吃)	gege (哥哥)	shushu (叔叔)
② 2성그리기	shui (谁)	yeye (爷爷)	lǎoye (姥爷)	erzi (儿子)
③ 3성그리기	laoshī (老师)	laolao (姥姥)	nü'ér (女儿)	baobao (宝宝)
④ 4성그리기	meimei (妹妹)	didi (弟弟)	baba (爸爸)	shangxué (上学)

2. 단모음 6개를 삼각형 그림 안에 넣어봅시다.

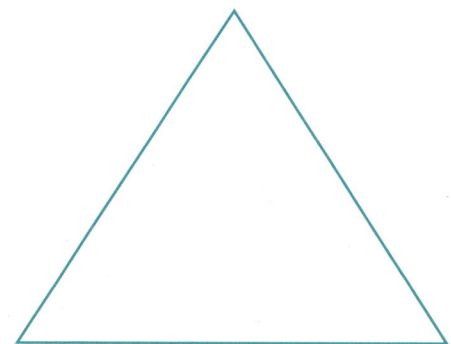

3. 복모음 4개를 박스 안에 넣어봅시다.

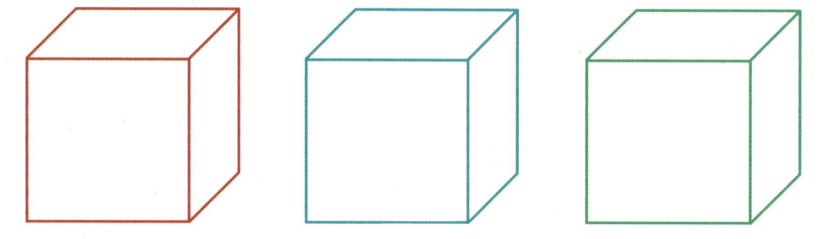

DAY 03

4. 다음 주어진 성분명칭을 중국어 기본 어순표에 넣어봅시다.

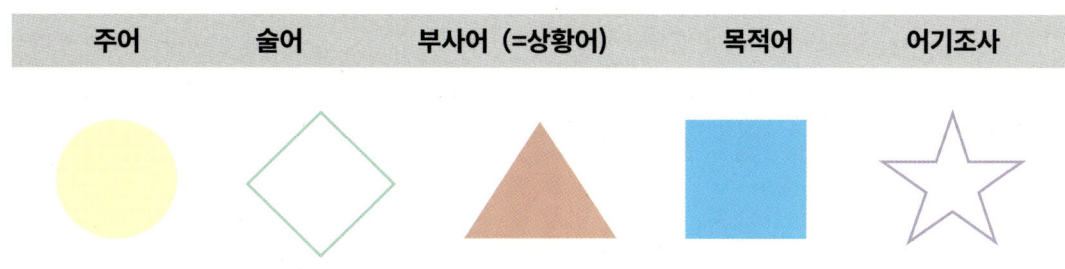

| 주어 | 술어 | 부사어 (=상황어) | 목적어 | 어기조사 |

- **동사 술어문 :** 동사가 _____ 로 쓰인 문장을 동사 _____ 문 이라 합니다.

5. 다음 동사 8개를 힌트를 보면서 병음을 쓰고 성조를 넣어봅시다.

제 1 성	제 2 성	제 3 성	제 4 성
• 먹다 吃 chi	• 가지고 오다 拿 na	• 사다 买 mai	• 원하다 要 yao
• 더하다 加 jia	• 공부하다 学 xue	• 씻다 洗 xi	• 보다 看 kan

6. 다음 그림을 보면서 가족구성원을 중국어로 말해봅시다.

| 친할아버지 / 친할머니 | 외할아버지 / 외할머니 | 언니, 누나 / 여동생 | 삼촌 / 이모 |

PART 1
서바이벌 발음편

STEP1
발음 마스터과정 4
자음(성모)
숫자 학습 2

DAY 04

PART 2
서바이벌 회화편

STEP2
단어카드로 배우는 서바이벌 구문
단어카드　　　여러 가지 양사
서바이벌구문 4　服务员, 来一杯冰水

STEP3
중국어 기본기 다지기
동사 술어문 2
第4课　我们都喜欢上课 우리는 모두 수업하는 것을 좋아한다

STEP4
미션체크 연습문제

STEP 2 단어카드로 배우는 서바이벌 구문

🔊 **MP3** 04-2

서바이벌 단어카드 4

> 服务员, 来 一杯 冰水!
> Fúwùyuán, lái yìbēi bīngshuǐ

一杯美式
yìbēiměishì

아메리카노 한 잔

一听可乐
yìtīngkělè

콜라 한 캔

一瓶橙汁
yìpíngchéngzhī

오렌지주스 한 병

一块蛋糕
yíkuàidàngāo

케익 한 조각

一碗米饭
yìwǎnmǐfàn

밥 한 그릇

一本书
yìběnshū

책 한 권

一个本子
yígeběnzi

노트 한 권

一件衣服
yíjiànyīfu

옷 한 벌

DAY 04

서바이벌 기초구문 4

> **Fúwùyuán, lái yìbēi bīngshuǐ**
> 저기요, 시원한 물 한 잔 주세요
> **服务员，来一杯冰水！**

来 주세요 (오다)　＋　一杯 한 잔　　■ 양사 "잔" : 杯
lái　　　　　　　　　yìbēi

- 来 lái 는 원래 "오다" 라는 동사이지만, "하다. 해주다." 라는 **대동사**로도 많이 사용합니다. **일상 생활에서 "주세요"라는 뜻으로** "来" 를 많이 쓰니 꼭 활용해봅시다.
- **한국어나 중국어나 개수를 셀 때 양사**가 다양하게 있습니다. 예를 들어 "커피 한 잔" 이라 할 때 "**잔**" 을 양사라 합니다. 중국어에서 "**잔**"에 해당하는 양사는 "**杯 bēi**" 입니다. 커피 한 잔 : 一 杯 咖啡

一杯 한 잔　／　两杯 두 잔
yìbēi　　　　liǎngbēi

　　　　　一块 한 조각　／　两块 두 조각
　　　　　yíkuài　　　　　liǎngkuài

- 숫자로 **일, 이,** 삼, 사 …(一 yī, 二 èr, 三 sān, 四 sì …) 그러나 **개수를 표현할 때**는, 한 개, **두** 개, 세 개, 네 개 …(一个 yíge, 两个 liǎngge, 三个 sānge, 四个 sìge …) 라 합니다.
- 한국어에서 "일 개"라 하지 않고 "한 개" 하듯이, 중국어에서 "**일**"은 一 yī, "**한~**"은 성조변화 [yì 또는 yí]로 표현하고, "**이**"는 二 èr, "**둘**"은 两 liǎng 으로 표현합니다.
- 중국어에서는 나머지 **삼, 사, 오**… 와 **셋, 넷, 다섯**… 은 구분 없이 三 四 五… 로 씁니다.

STEP 2 단어카드로 배우는 서바이벌 구문

 # 미션샘의 강의노트

yìtīng	yìpíng	yìběn	yíge
一听	一瓶	一本	一个
한 캔	한 병	한 권	한 개

➲ 听 [tīng]은 "캔"을 세는 양사로 쓰이지만, 동사로 "듣다"라는 의미도 있습니다.

- 一 yī 는 **양사 앞에서 성조변화**가 있습니다. **1성, 2성, 3성 앞에서는 4성으로 4성 앞에서는 2성**으로 발음합니다.

- 个 는 원래 성조가 gè 4성이기 때문에 一 yī 가 **2성으로 성조변화** 되었습니다.

◎ 다음 [한 ~ 주세요 / 두 ~ 주세요] 형태를 연습해봅시다.

一 ~
yì, yí
来
两 ~
liǎng

☐ 来一杯 / 两杯	lái yì bēi / liǎng bēi	한 잔 / 두 잔 주세요.
☐ 来一瓶 / 两瓶	lái yì píng / liǎng píng	한 병 / 두 병 주세요.
☐ 来一个 / 两个	lái yí ge / liǎng ge	한 개 / 두 개 주세요.
☐ 来一件 / 两件	lái yí jiàn / liǎng jiàn	한 벌 / 두 벌 주세요.

◎ **발음연습 : 중국어 초급학습자들이 주의해야 할 성조의 조합 및 발음**
1. (1) 3성+4성 (2) 1성+4성과 **2.** 권설음을 연습해봅시다.

1. - (1)　3성과 4성의 조합　→　반3성 + 4성

měishì	mǐfàn	kělè	diǎncài
美式	米饭	可乐	点菜
아메리카노 / 미국식	밥	콜라	음식을 주문하다

➡ **발음할 때 주의점** 반3성의 출발점과 4성의 출발점을 주의해야 합니다. 앞 3성을 2성으로 읽지 않도록 주의하고 뒤의 4성을 급격히 떨어뜨려야 함에 주의하세요. 4성을 떨어뜨리지 않아서 1성으로 음을 띄워 올리지 않도록 합니다.

1. - (2)　4성과 1성의 조합

yìbēi	dàngāo	càidān	dàcōng
一杯	蛋糕	菜单	大葱
한 잔	케이크	메뉴판	대파

➡ **발음할 때 주의점** 앞 4성 출발점 주의합시다. 출발점을 낮게 출발하면 반3성으로 실수하기 쉽습니다. 앞 4성을 잘 떨어뜨려야 함을 주의하세요.

2.　권설음 발음 연습 - zhi chi shi ri

➡ **발음할 때 주의점** 권설음은 모음 "으" 의 입모양을 잡고 혀를 말지 말고, 살짝 힘을 주어, 혀 면을 들어 목 안쪽으로 당겨주고 "쯔으" "츠으" "스으" "르으" 발음합니다.

● 아래 권설음과 여러 모음 조합을 읽어봅시다.

sháo	shū	chā	chī
chéng	shī	chǎo	zhī

➡ sháozi (숟가락), shū (책), chāzi (포크), chīfàn (밥먹다), chéngzhī (오렌지쥬스), lǎoshī (선생님), chǎofàn (볶음밥)

STEP 2 단어카드로 배우는 서바이벌 구문

미션따라 구문연습
다음 보기를 읽어 보고 제시에 맞추어 구문을 만들어 봅시다.

➡ 형용사 的 : ~한 것 & 형용사 的 중심어 : ~의, ~한 "중심어"

☐ 뜨거운 것으로 한 잔 주세요. 来一杯 热的 lái yì bēi rède _____ 。 → 뜨거운 ~ 으로 한 잔 주세요

1.

2.

☐ 아이스로 한 캔 주세요. 来一听 / 瓶 冰的 lái yì tīng / píng bīngde _____ 。 → 차가운 ~ 으로 한 캔/병 주세요

3.

4.

해답

1. 美式
2. 拿铁 nátiě
   라떼
3. 可乐
4. 啤酒 píjiǔ
   맥주

☐ 신선한 것으로 한 개 주세요. 来一个 新鲜的 _____ 。　→　신선한 ~ 으로 한 개 주세요

lái yí ge xīnxiānde

5.

6.

☐ 새 것 한 벌 주세요. 来一件 / 个 新的 _____ 。　→　새 ~ 으로 한 벌/개 주세요

lái yí jiàn / ge xīnde

7.

8.

해답

5. 橙子 chéngzi
   오렌지
6. 苹果 píngguǒ
   사과
7. 衣服
8. 本子

SURVIVAL 왕초보편 제4강

STEP 3 중국어 기본기 다지기

🔊 **MP3** 04-3

중국어의 기본 어순

주●어   ▲술어   ■목적어

➜ 중국어의 기본 어순은 주 술 목
➜ 주어와 술어 사이에 부사어(=상황어) ◇가, 술어 뒤에는 술어 보충성분인 보어 ▽가 놓인다.
➜ 어기 조사 ☆는 문장 끝에 놓인다.

오늘의 **기초어법**   동사 술어문 (2)

● **목적어** : 중국어에서는 목적어가 꼭 명사가 오는 것이 아니다. 목적어 자리에 <동사 또는 동빈구(동사+목적어) > 형태가 들어갈 수도 있다. 초급에서 많이 혼동할 수 있는 부분이니 문장으로 연습하도록 하자.

生词 새 단어

☐ 再	zài	다시
☐ 我们	wǒmen	우리들
☐ 开始	kāishǐ	시작하다
☐ 都	dōu	모두
☐ 喜欢	xǐhuān	좋아하다

DAY 04

第4课 我们都喜欢上课
우리는 모두 수업하는 걸 좋아합니다

동사 술어문

주●어 ◇ ▲술어 ■목적어 ☆
　　　부사어　동사

(你)	再	加	一碗米饭
Nǐ	zài	jiā	yìwǎn mǐfàn
我们	都	喜欢	上课
Wǒmen	dōu	xǐhuān	shàngkè

A : Wǒ yào yìbēi měishì.
　　我 要 一杯 美式。

B : Zài jiā yìwǎn mǐfàn.
　　再 加 一碗 米饭。

C : Wǒmen kāishǐ shàngkè.
　　我们 开始 上课。

D : Wǒmen dōu xǐhuān shàngkè.
　　我们 都 喜欢 上课。

解释 해석

A : 저는 아메리카노 한 잔을 원합니다.

B : 밥 한 공기 추가해주세요.

C : 우리는 수업을 시작합니다.

D : 우리는 모두 수업하는 것을 좋아합니다.

STEP 3 중국어 기본기 다지기

미션샘과 기본기 연습

다음 1음절 동사 4개를 제1성부터 제4성까지의 순서로 연습해봅시다.

kāi	开	열다, 켜다 운전하다	→
wán	玩	놀다	↗
diǎn	点	주문하다	↘
sòng	送	보내다, 배달하다 선물하다	↘

kāi

门 mén
문

wán

游戏 yóuxì
게임

diǎn

sòng

◆ 기본 문형 연습 (1)

~입니까 ～吗 ma	~입니까 아닙니까 ~不~ ~bù~	~하지 않다 不 bù
1. kāi ma 开 吗?	kāi bù kāi 开 不 开?	bù kāi 不 开。
2. wán ma 玩 吗?	wán bù wán 玩 不 玩?	bù wán 不 玩。
3. diǎn ma 点 吗?	diǎn bù diǎn 点 不 点?	bù diǎn 不 点。
4. sòng ma 送 吗?	sòng bú sòng 送 不 送?	bú sòng 不 送。

1. 열까요? (켤까요?)   열어요 안 열어요(켤까요?)   안 열어요. (안 켜요)
2. 놀아요?   놀아요 안 놀아요?   놀지 않습니다.
3. 주문해요?   주문해요 안 해요?   주문 안 합니다.
4. 배달해요? (증정합니까?)   배달해요 안해요? (줘요 안 줘요?)   배달안합니다. (증정 안 합니다)

◆ 다음 질문에 왼쪽 그림을 보면서 대답해봅시다.

① 开不开门?	kāi bù kāi mén	➡	开门。	문 엽니다.
② 玩不玩游戏?	wán bù wán yóuxì	➡	玩游戏。	게임합니다.
③ 点菜吗?	diǎn cài ma	➡	点菜。	주문합니다.
④ 送菜吗?	sòng cài ma	➡	送菜。	배달합니다.

STEP 3 중국어 기본기 다지기

미션샘과 기본기 연습

다음 2음절 동사 4개를 시작음 제1성부터 제4성까지의 순서로 연습해봅시다.

kāishǐ	开始	시작하다	
xuéxí	学习	공부하다	
xǐhuān	喜欢	좋아하다	
rènshi	认识	알다, 인식하다	

◆ 기본 문형 연습 (2)

~ 입니까 ~吗 ma	~ 입니까 아닙니까 ~不~ ~bù~		~ 하지 않다 不 bù
1. kāishǐ ma 开始 吗?	kāishǐ bù kāishǐ 开始 不 开始?	kāi bù kāishǐ 开 不 开始?	bù kāishǐ 不 开始。
2. xuéxí ma 学习 吗?	xuéxí bù xuéxí 学习 不 学习?	xué bù xuéxí 学 不 学习?	bù xuéxí 不 学习。
3. xǐhuān ma 喜欢 吗?	xǐhuān bù xǐhuān 喜欢 不 喜欢?	xǐ bù xǐhuān 喜 不 喜欢?	bù xǐhuān 不 喜欢。
4. rènshi ma 认识 吗?	rènshi bú rènshi 认识 不 认识?	rèn bú rènshi 认 不 认识?	bú rènshi 不 认识。

1. 시작해요? 시작해요 안 해요? 시작 안 합니다.
2. 좋아해요? 좋아해요 안 좋아해요? 안 좋아합니다.
3. 공부해요? 공부해요 안 해요? 공부 안 합니다.
4. 알아요? 알아요 몰라요? 알지 못 합니다.

◆ 다음 질문에 왼쪽 그림을 보면서 대답해봅시다.

① 开始上课吗?   kāishǐ shàngkè ma   ➡   开始上课。   수업을 시작합니다.
② 学习汉语吗?   xuéxí hànyǔ ma   ➡   学习汉语。   중국어를 공부합니다.
③ 喜不喜欢上课?   xǐ bù xǐhuān shàngkè   ➡   喜欢上课。   수업하는 것을 좋아합니다.
④ 认不认识她?   rèn bú rènshi tā   ➡   认识她。   그녀를 압니다.

STEP 4 미션체크 연습문제

1. 앞에 주어진 성조를 참고하여 숫자를 읽어봅시다.

① 1성	1 / 3 / 7 / 8	yī	sān	qī	bā
② 2성+1성	11 / 13 / 17 / 18	shíyī	shísān	shíqī	shíbā
③ 3성+2성+1성	51 / 53 / 57 / 58	wǔshíyī	wǔshísān	wǔshíqī	wǔshíbā
④ 4성+2성+1성	21 / 23 / 27 / 28	èrshíyī	èrshísān	èrshíqī	èrshíbā

2. 자음 중 권설음(卷舌音) 4개를 박스 안에 넣어봅시다.

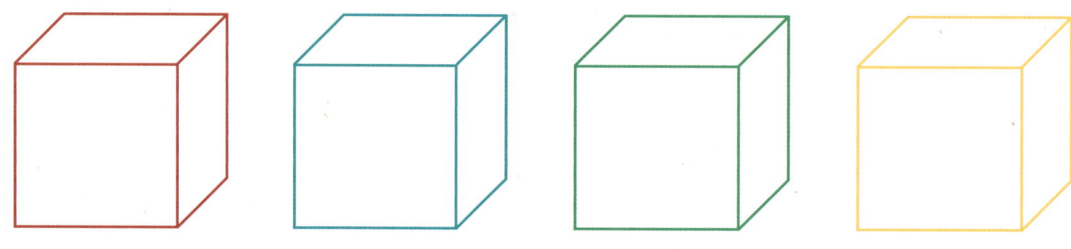

3. 다음 밑줄에 자음(성모)를 넣어봅시다.

① 再见   ___ài___iàn   또 보자
② 姐姐   ___iě___ie   누나(언니)
③ 可乐   ___ě___è   콜라
④ 哥哥   ___ē___e   형(오빠)
⑤ 一本   yì___ěn   한 권
⑥ 橙汁   ___éng___ī   오렌지 쥬스
⑦ 美式   ___ěi___ì   아메리카노
⑧ 书   ___ū   책
⑨ 女儿   ___ǔ'ér   딸
⑩ 孩子   ___ái___i   아이

DAY 04

4. 다음 주어진 단어를 읽고 "吗의문문"도 만들어 말해보고 "긍정부정의문문"도 만들어 말해봅시다.

	吗의문문	긍정부정의문문
喝咖啡 ___ kāfēi	☞ 커피 마셔요?	☞ 커피 마셔요 안마셔요?
学汉语 ___ hànyǔ		
买东西 ___ dōngxi		
要牛奶 ___ niúnǎi		

5. 다음 동사 8개를 힌트를 보면서 병음을 쓰고 성조를 넣어봅시다.

제1성	제2성	제3성	제4성
• 열다 开 kai	• 놀다 玩 wan	• 주문하다 点 dian	• 선물주다 送 배달하다 song
• 시작하다 开始 kaishi	• 공부하다 学习 xuexi	• 좋아하다 喜欢 xihuan	• 알다 认识 renshi

6. 다음 그림을 보면서 수 양사를 같이 붙여서 <u>한~</u> & <u>두~</u> 을 말해봅시다.

PART 1
서바이벌 발음편

STEP1
발음 마스터과정 5
결합모음
숫자활용 1-1 시간(1)

DAY 05

PART 2
서바이벌 회화편

STEP2
단어카드로 배우는 서바이벌 구문
단어카드 과일과 채소
서바이벌구문 5 你要什么- 这个苹果多少钱

STEP3
중국어 기본기 다지기
的 용법, 의문사 의문문
第5课 给我最便宜的 가장 싼 것을 주세요

STEP4
미션체크 연습문제

STEP 2 단어카드로 배우는 서바이벌 구문

🔊 **MP3** 05-2

서바이벌 단어카드 5

> 你要什么?
> Nǐ yào shénme
>
> 这个 苹果 多少钱?
> Zhège píngguǒ duōshǎoqián

苹果
píngguǒ
사과
¥7.9/斤

橘子
júzi
귤
¥3.0/斤

香蕉
xiāngjiāo
바나나
¥7.9/斤

草莓
cǎoméi
딸기
¥59/盒

西瓜
xīguā
수박
¥35/个

大葱
dàcōng
대파
¥2.5/斤

洋葱
yángcōng
양파
¥2.7/斤

西红柿
xīhóngshì
토마토
¥5.0/斤

보충단어

과일 또는 야채는 주로 斤 jīn 근 으로 팝니다. 또한 盒 hé 상자, 个 ge 개, 개수 와 같은 양사도 함께 알아두세요.

DAY 05

서바이벌 기초구문 5

> **Nǐ yào shénme**
> **Zhège píngguǒ duōshǎoqián**
> 당신은 무엇을 원합니까
> 이 사과는 얼마입니까
> **你要什么？这个苹果多少钱？**

这 个 이것
zhè ge

那 个 그것, 저것
nà ge

- 这 zhè "이", 那 nà 는 "저, 그" 라는 뜻의 **지시사**입니다.

- 这 zhè + 个 ge + 苹果 píngguǒ "이 사과"
  那 nà + 个 ge + 苹果 píngguǒ "저 사과"

什么 무엇, 무슨
shénme

多少 몇, 얼마
duōshǎo

- **의문사** 什么 shénme, 多少 duōshǎo 뒤에 명사가 오면, 명사를 수식할 때 필요한 "的 de"를 붙일 필요가 없습니다.

    - 무슨 물건 : 什么东西 shénme dōngxi
    - 무슨 과일 : 什么水果 shénme shuǐguǒ
    - 얼마 (돈) : 多少钱   duōshǎo qián
    - 몇 번 (번호) : 多少号 duōshǎo hào

- **의문사 의문문** : 문장에 의문사가 쓰인 의문문을 말합니다. 의문사 의문문은 의문어기조사 吗를 쓸 필요가 없습니다.

STEP 2 단어카드로 배우는 서바이벌 구문

미션샘의 강의노트

◎ 다음 연관 단어 또는 한자의 유사 성분을 통해 다른 단어도 연상해봅시다.

shuǐguǒ	píngguǒ	cǎoméi	xīhóngshì
水果	苹果	草莓	西红柿
과일	사과	딸기	토마토
水 : shuǐ 물		草 : cǎo 풀	红 : hóng 붉다
			柿子 : shìzi 감
	平 : píng 苹 : píng	每 : měi 莓 : méi	市 : shì 柿 : shì
冰水 bīngshuǐ	平安 píng'ān	每天 měitiān	北京市 Běijīngshì
찬물	평안하다	매일	베이징시

◎ 다음은 박과 채소나 덩굴 식물에 붙이는 瓜 guā 가 공통으로 들어가는 단어입니다.

xīguā	nánguā	huángguā	dìguā
西瓜	南瓜	黄瓜	地瓜
수박	호박	오이	고구마

◎ 다음 의문사 [什么 와 多少]를 "要 ~ " 구문으로 연습해봅시다.

- ☐ 당신은 무엇을 원합니까?　　你要什么？　　Nǐ yào shénme
- ☐ 당신은 얼마나 원합니까?　　你要多少？　　Nǐ yào duōshǎo
- ☐ 당신은 무슨 과일을 원합니까?　　你要什么水果？　　Nǐ yào shénme shuǐguǒ
- ☐ 당신은 (돈)얼마를 원합니까?　　你要多少钱？　　Nǐ yào duōshǎoqián

◎ 설치음 (z c s) 과 권설음 (zh ch sh r) 그리고 설면음 (j q x) 비교 연습해봅시다.

설치음	zāng	cōng	cǎo	sǎng
z c s	hěn zāng	dà cōng	cǎo méi	sǎng zi
권설음	zhāng	chōng	chǎo	shàng
zh ch sh r	yì zhāng	chōng diàn	chǎo fàn	Shàng hǎi
설면음	jiāng	qióng	qiǎo	xiāng
j q x	shēng jiāng	hěn qióng	qiǎo kè lì	xiāng jiāo

➡ 위의 표에 있는 설치음과 권설음 그리고 권설음과 설면음을 연습할 때, 발음을 구별하면서 비교 연습해봅시다.

● 설치음과 권설음 혀의 위치를 비교해서 연습해봅시다. ★참고 발음마스터과정04 : 5-2, 5-3

● 한국인이 주의를 기울이지 않아서 실수하는 음이 권설음 zh ch sh r 와 설면음 j q x 입니다. ★참고 발음마스터과정04 : 5-2, 5-3

◎ 다음 병음을 1성으로 연습해봅시다.

☐	ca	cao	cha	chao	☐	ji	jia	jiang	zhang
☐	sa	sao	sha	shao	☐	qi	qia	qiang	chang
☐	za	zao	zha	zhao	☐	xi	xia	xiang	shang

SURVIVAL 왕초보편 제5강 127

STEP 2 단어카드로 배우는 서바이벌 구문

미션따라 구문연습
다음 단어를 읽어보고 다음 구문에 넣어 질문하고 대답해봅시다.

➡ A: 你要什么?　B: 这个_____多少钱 一斤 / 盒 / 个?
　　Nǐ yào shénme　　Zhège　　　　duōshǎoqián yì jīn / hé / ge
　　당신은 무엇을 원해요?　　이 _____는 한 근 / 상자 / 개에 얼마입니까?

1.

2.

3.

4.

해답
1. 苹果 / 七块九(毛)一斤
2. 橘子 / 三块一斤
3. 香蕉 / 七块九(毛)一斤
4. 草莓 / 五十九块一盒

5.

6.

7.

8.

> **해답**
>
> 5. 西瓜 / 三十五块一个
> 6. 大葱 / 两块五（毛）一斤
> 7. 洋葱 / 两块七（毛）一斤
> 8. 西红柿 / 五块一斤

STEP 3 중국어 기본기 다지기

🔊 **MP3 05-3**

중국어 기본 어순

주어 술어 목적어 ☆

➡ 주어와 술어 사이에 부사어(=상황어) ◇가, 술어 뒤에는 술어 보충성분인 보어 ▽가 놓인다.
➡ 어기 조사 ☆는 문장 끝에 놓인다.

오늘의 **기초어법** 的 용법, 의문사 의문문

- 이미 제3과 step2 서바이벌 구문에서 한정어와 중심어 사이에 쓰이는 "的 de"와 명사화 "的 de"의 용법을 배웠다. 제5과에서 문장과 함께 더 연습해보도록 하자.

  한정어란 : 명사를 수식하는 성분을 한정어라고 한다.

  중심어란 : 수식을 받는 성분을 중심어라고 한다.

  · 한정어 的 중심어 ： ~의, ~ 한
  · 한정어 的　　　 ： ~한 것

- 제3과에서 <吗의문문>과 <긍정부정 의문문>을 배웠다. 제5과에서 <의문사 의문문>을 연습해보자.

生词 새 단어

☐ 最　zuì　가장, 최고로

DAY 05

第5课 给我最便宜的
저에게 가장 싼 것을 주세요

的 용법

주●어	▲술어	■목적어

(你)	给	我・最便宜的
(Nǐ)	gěi	wǒ zuì piányide
我	要	最好吃的
Wǒ	yào	zuì hǎochī de

A： **Nǐ yào shénme**
　　你 要 什么？

B： **Gei wǒ zuì piányi de.**
　　给 我 最 便宜 的。

A： **Nǐ yào shénme**
　　你 要 什么？

B： **Wǒ yào zuì hǎochī de cài.**
　　我 要 最 好吃 的 菜。

解释 해석

A： 당신은 무엇을 원합니까?

B： 저에게 가장 싼 것을 주세요.

A： 당신은 무엇을 원합니까?

B： 저는 가장 맛있는 요리를 원합니다.

STEP 3 중국어 기본기 다지기

 ## 미션샘과 기본기 연습
다음 的 를 이용하여 명사화 한 표현과 중심어를 꾸미는 표현을 연습해봅시다.

- 한정어 的   : ~ 한 것
- 한정어 的 중심어 : ~ 의 , ~ 한

	명사화 " ~ 한 것 "			한정어 的 중심어 " ~ 의 … "	
내 것	我的	wǒde	내 옷	我的衣服	wǒ de yīfu
당신 것	你的	nǐ de	당신 옷	你的衣服	nǐ de yīfu
그의 것	他的	tā de	그의 옷	他的衣服	tā de yīfu
우리 것	我们的	wǒmen de	우리 음식	我们的菜	wǒmen de cài
당신들 것	你们的	nǐmen de	당신들 음식	你们的菜	nǐmen de cài
그들 것	他们的	tāmen de	그들의 음식	他们的菜	tāmen de cài

 아래 세가지 의문사를 연습해봅시다.

shénme	什么	무엇, 무슨
jǐge	几个	몇 개
duōshǎo	多少	얼마나

◆ 기본 문형 연습 (1)

무엇을 원합니까?	몇 개를 원합니까? (10 아래)	얼마나 원합니까? (10 이상)
要什么? yào shénme	要几个? yào jǐge	要多少? yào duōshǎo
1. 你 nǐ — Nǐ yào shénme 你 要 什么?	Nǐ yào jǐge 你 要 几个?	Nǐ yào duōshǎo 你 要 多少?
2. 你们 nǐmen — Nǐmen yào shénme 你们 要 什么?	Nǐmen yào jǐge 你们 要 几个?	Nǐmen yào duōshǎo 你们 要 多少?
3. 他 tā — Tā yào shénme 他 要 什么?	Tā yào jǐge 他 要 几个?	Tā yào duōshǎo 他 要 多少?
4. 他们 tāmen — Tāmen yào shénme 他们 要 什么?	Tāmen yào jǐge 他们 要 几个?	Tāmen yào duōshǎo 他们 要 多少?

1. 당신은 무엇을 원합니까?	당신은 몇 개를 원합니까?	당신은 얼만큼 원합니까?
2. 당신들은 무엇을 원합니까?	당신들은 몇 개를 원합니까?	당신들은 얼만큼 원합니까?
3. 그는 무엇을 원합니까?	그는 몇 개를 원합니까?	그는 얼만큼 원합니까?
4. 그들은 무엇을 원합니까?	그들은 몇 개를 원합니까?	그들은 얼만큼 원합니까?

STEP 3 중국어 기본기 다지기

미션샘과 기본기 연습
다음 的 를 이용하여 명사화한 표현과 중심어를 꾸미는 표현을 연습해봅시다.

명사화			한정어 的 중심어		
큰 것	大的	dà de	큰 옷	大衣服	dà yīfu
찬 것	冰的	bīng de	찬 아메리카노	冰美式	bīng měishì
뜨거운 것	热的	rè de	뜨거운 아메리카노	热美式	rè měishì
좋은 것	好的	hǎo de	착한(좋은) 아이	好孩子	hǎo háizi
남자	女的	nǔ de	남자아이	女孩子	nǔ háizi
여자	男的	nán de	여자아이	男孩子	nán háizi
싼 것	便宜的	piányi de	싼 옷	便宜的衣服	piányi de yīfu
가장 싼 것	最便宜的	zuì piányi de	가장 싼 옷	最便宜的衣服	zuì piányi de yīfu
우리가 주문한 것	我们点的	wǒmen diǎn de	우리가 주문한 요리	我们点的菜	wǒmen diǎn de cài

---

한정어 중심어 사이에 "的"를 생략할 수 있는 경우

- 가족이나 소속 집단을 수식할 때 "的"를 생략할 수 있습니다. ★참고 제3과 P.093
  我(的)妈妈 wǒ(de)māma 나의 엄마 他(的)学校 tā(de)xuéxiào 그의 학교
- 의문사 什么, 多少, 很多 뒤에 명사가 오면 "的 de"를 붙일 필요가 없습니다. ★참고 제5과 P.125
  什么+东西 shénme+dōngxi 무슨 물건, 多少+钱 duōshǎo+qián 얼마입니까,
  很多+朋友 hěnduō+péngyou 매우 많은 친구
- 1음절 형용사가 중심어를 수식할 때 "的 de"를 붙일 필요가 없습니다.
  冰+水 bīng+shuǐ 찬 물, 热+水 rè+shuǐ 뜨거운 물, 好+朋友 hǎo+péngyou 좋은 친구,
  大+杯 dà+bēi 큰 잔

 아래 세가지 동사를 연습해봅시다.

yào	要~	원하다. 필요하다.	↘
gěi wǒ	给我~	나에게 ~ 를 주다.	↗ ↘
ná lai	拿来~	~ 를 가져오다.	↗ ○

◆ 기본 문형 연습 (2)

	무엇을 원합니까? 要什么？yào shénme	몇 개를 원합니까? (10 아래) 要几个？yào jǐge	얼마나 원합니까? (10 이상) 要多少？yào duōshǎo
1. wǒyào 我要	bīngměishì 冰美式	yì bēi bīngměishì 一杯 冰美式	duō bīng 多 冰
2. gěiwǒ 给我	hǎochī de 好吃的	yí ge hǎochī de 一个 好吃的	hěnduō hǎochī de 很 多 好吃的
3. nálai 拿来	kělè 可乐	liǎng tīng kělè 两 听 可乐	hěn duō 很 多

1. 저는 아이스 아메리카노를 원합니다. 저는 아이스 아메리카노 한 잔을 원합니다. 저는 많은 얼음을 원합니다.
2. 저에게 맛있는 것을 주세요. 저에게 맛있는 것을 한 개 주세요. 저에게 맛있는 것을 많이 주세요.
3. 콜라 가지고 오세요. 콜라 두 캔 가지고 오세요. 매우 많이 가지고 오세요.

STEP 4 미션체크 연습문제

1. 다음 주어진 단어의 밑줄에 모음 또는 자음을 넣어 발음을 완성해봅시다.

   ① 女   n___ˇ   여자
   ② 橘子   j___´zi   귤
   ③ 香蕉   ___iāng___iāo   바나나
   ④ 草莓   ___ǎoméi   딸기
   ⑤ 大葱   dà___ōng   대파
   ⑥ 洋葱   ___áng___ōng   양파
   ⑦ 多少   duō___ǎo   얼마나
   ⑧ 钱   ___ián   돈

2. 다음 단어의 의미도 생각해보고, 단어를 이용해 명사화, 중심어를 꾸미는 한정어도 만들어 봅시다. "的"가 생략되는 경우도 생각해 봅시다.

단어	명사화	한정어 + 중심어(명사)	
新鲜 xīnxiān	新鲜的 (신선한 것)	鱼 yú	☞ 新鲜的鱼 (신선한 물고기)
便宜 piányi		衣服 yīfu	☞ _____ (싼 옷)
干净 gānjìng		盘子 pánzi	☞ _____ (깨끗한 접시)
漂亮 piàoliang		姐姐 jiějie	☞ _____ (예쁜 언니)
好 hǎo		朋友 péngyou	☞ _____ (좋은 친구)
男 nán		孩子 háizi	☞ _____ (남자아이)
女 nǚ		人 rén	☞ _____ (여자)

DAY 05

3. 다음 밑줄 부분을 구분하면서 읽어 봅시다.

① qiān / quān 　　⑤ shàng / xiàng

② yǒu / jiǔ 　　⑥ zì / jì

③ wéi / shuí 　　⑦ sì / xì

④ zuān / juān 　　⑧ suàn / xuàn

4. 주어진 1음절 글자에 성조를 넣고 2음절 단어의 병음을 빈자리에 넣어 봅시다.

平 : ping	早 : zao	每 : mei	市 : shi
• 和平 평화	• 早上 아침	• 每天 매일	• 北京市 베이징시
hé____	____shang	____tiān	Běijīng____
• 苹果 사과	• 香草 바닐라	• 草莓 딸기	• 西红柿 토마토
____guǒ	xiāng____	_____	xīhóng____

5. 다음 주어진 문장 패턴으로 그림과 함께 연습해봅시다.

☐ " 맛있는~ " <好吃的 명사> 를 만들어 패턴에 연습해봅시다

• 给 我 ~
　Gěi wǒ

• 我 要
　Wǒ yào

←

PART 1
서바이벌 발음편

STEP1
발음 마스터과정 6
성조변화
숫자활용 1-2 시간(2)

DAY 06

PART 2
서바이벌 회화편

STEP2
단어카드로 배우는 서바이벌 구문
단어카드　　　여러 가지 직업 및 호칭
서바이벌구문 6　他是谁 - 他叫谁

STEP3
중국어 기본기 다지기
동사 是, 叫
第6课 这些都是我的 이것들은 모두 내 것입니다

STEP4
미션체크 연습문제

STEP 2 단어카드로 배우는 서바이벌 구문

🔊 **MP3** 06-2

서바이벌 단어카드 6

> 他是谁？
> Tā shì shuí
>
> 他叫谁？
> Tā jiào shuí

老师 **lǎoshī** 선생님 	学生 **xuésheng** 학생 
保安 **bǎo'ān** 경비 	服务员 **fúwùyuán** 종업원 
老板 **lǎobǎn** 사장님 	小姐 **xiǎojiě** 아가씨 
工人 **gōngrén** 수리기사 	司机 **sījī** 운전기사 

보충단어

- 工人 gōngrén, 司机 sījī 는 직업을 나타내는 단어로 수리기사나 운전기사를 부를 때는
  师傅 shīfu 아저씨
- 아저씨를 높여서 "선생님"부를 때는 **先生 xiānsheng**
- 학생을 부를 때는 **同学 tóngxué**

DAY 06

서바이벌 기초구문 6

> Tā shì shuí   Tā jiào shuí
> 그는 누구입니까   그는 누구를 부릅니까
> **他是谁?**   **他叫谁?**

是 ~이다 **+ 不是** ~아니다   ■ 是不是 ~? : ~입니까 아닙니까
shì   búshì

- 不 bù 는 성조가 4성이지만 **뒤에 4성의 단어가 오면 2성으로** 발음합니다.
- 다음 의문사를 연습해봅시다.
  - 是什么? Shì shénme 무엇입니까?
  - 是多少? Shì duōshao 얼마나 됩니까?

叫 ~ 라(를) 부르다
jiào

- 你叫谁?   Nǐ jiào shuí   당신은 누구를 부르세요?
- 你叫什么名字? Nǐ jiào shénme míngzi 당신은 이름이 무엇입니까?
- 这叫什么?   Zhè jiào shénme   이것은 무엇이라 부릅니까?

STEP 2 단어카드로 배우는 서바이벌 구문

미션샘의 강의노트

bǎo'ān	lǎobǎn	shīfu	xiǎojiě
保安	老板	师傅	小姐
경비 부를 때	사장님 부를 때	아저씨 부를 때	아가씨 부를 때
xiānsheng	shūshu	āyí	fúwùyuán
先生	叔叔	阿姨	服务员
아저씨를 정중하게 "선생님"이라 부를 때	친근하게 "삼촌"이라 부를 때	아줌마 부를 때	종업원 부를 때

- 직업과 호칭 : 직업, 역할에 대한 단어도 있지만 어떤 단어는 직업이자 호칭 (부르는 말)으로 쓰는 단어가 있습니다. 호칭(부르는 말) 은 서바이벌 회화의 시작말입니다. 꼭 외워둡시다.

◎ 1성 + 1성 성조 조합을 연습해봅시다.

xīguā	kāfēi	sījī	xiāngjiāo
西瓜	咖啡	司机	香蕉
수박	커피	운전사	바나나

➜ **발음할 때 주의점** 같은 음이 반복될 때 앞의 음을 약간 짧게 발음합니다.

◎ 2성 + 2성 성조 조합을 연습해봅시다.

Hánguó	rénmín	yínháng	qiántái
韩国	人民	银行	前台
한국	인민	은행	안내데스크

➜ **발음할 때 주의점** 같은 음을 반복될 때 앞의 음을 약간 짧게 발음합니다.

◎ 3성 + 3성 성조 조합을 연습해봅시다.

hěnhǎo	lǎobǎn	xiǎojiě	xǐshǒu
很好	老板	小姐	洗手
매우 좋다	사장님	아가씨	손을 씻다

➜ **발음할 때 주의점** 3성+3성은 **앞의 3성**을 **2성**으로 **변화**시켜 읽습니다.

◎ 4성 + 4성 성조 조합을 연습해봅시다.

diànshì	duìmiàn	shàngkè	xiàkè
电视	对面	上课	下课
텔레비전	맞은편	수업을 하다	수업을 마치다

➜ **발음할 때 주의점** 같은 음을 반복될 때 앞의 음을 약간 짧게 발음합니다.

STEP 2 단어카드로 배우는 서바이벌 구문

미션따라 구문연습
다음 보기를 읽어 보고 제시에 맞추어 구문을 만들어 봅시다.

Tā shì shuí   Tā shì wǒ
☐ 他是谁? → 他是我 _____   그는 누구입니까? 그는 내 ~ 입니다.

1. 선생님

2. 학생

Nǐ jiào wǒ
☐ 你叫我 王 wáng _____   당신은 저를 "왕씨아저씨 / 왕기사"라 부르세요

3. 아저씨

4. 운전기사

해답

1. 老师   2. 学生   3. 师傅   4. 司机

□ → _____ 这个 多少 钱?
Zhège duōshǎoqián

_____ 이것은 얼마입니까?

5. 사장님

6. 아가씨

□ → _____ 你 帮 我, 好吗?
Nǐ bāng wǒ, hǎoma

_____ 당신 저 좀 도와주시겠어요?

7. 종업원

8. 경비

해답

5. 老板   6. 小姐   7. 服务员   8. 保安

STEP 3 중국어 기본기 다지기

🔊 **MP3 06-3**

중국어 기본 어순

주●어   ▲술어   ■목적어   ☆

➡ 주어와 술어 사이에 부사어(=상황어) ◇가, 술어 뒤에는 술어 보충성분인 보어 ▽가 놓인다.
➡ 어기 조사 ☆는 문장 끝에 놓인다.

오늘의 **기초어법**　　　　　是 술어문

● **특수동사 是 在 有**
- 是　shì　(제6과)　~이다
- 在　zài　(제7과)　(어디, 장소) 에 있습니다
- 有　yǒu　(제8과)　(무엇) 을 가지고 있습니다
　　　　　　　　　(무엇) 이 있습니다
　　　　　　　　　(누구) 가 있습니다

生词 새 단어

☐ 这(个)　zhè(ge)　이것

☐ 些　　　xiē　　　약간, 조금

☐ 那(个)　nà(ge)　그것

☐ 这些　　zhèxiē　이것들

　 那些　　nàxiē　　그것들

DAY 06

第6课 这些都是我的
이것들은 모두 제 것 입니다

是 술어문

주어 　 ◇ 　 ▲술어 　 ■목적어 　 ☆
　　　　　부사어　　是 shì

这些	都	是	我的
Zhè xiē	dōu	shì	wǒde

A： **Zhè shì shuíde**
　　 这 是 谁的？

B： **Nà shì wǒde**
　　 那 是 我的。

A： **Zhè yě shì nǐde ma**
　　 这 也 是 你的 吗？

B： **Zhè xiē dōu shì wǒde**
　　 这 些 都 是 我的。

解释 해석

A： 이것은 누구 것 입니까?

B： 그것은 제 것 입니다.

———————————

A： 이것도 당신 것 입니까?

B： 이것들은 모두 제 것 입니다.

这些 都 是 我的。

STEP 3 중국어 기본기 다지기

 # 미션샘과 기본기 연습

◆ 기본 문형 연습 (1)

| jiào | 叫~ | 1. ~를 부르다.
2. ~라고 부른다. | |

누굴 불러요

叫 谁
jiào shuí?

叫 谁？
Jiào shuí

Q 你 叫 谁？
Nǐ jiào shuí

→ 我 叫 老师。
Wǒ jiào lǎoshī

누구를 부릅니까(찾습니까)?
Q 당신은 누굴 찾습니까?
→ 저는 선생님을 부릅니다.

이름이 뭐예요

叫 什么 名字？
jiào shénme míngzi

叫 什么？
Jiào shénme

叫 什么 名字？
Jiào shénme míngzi

Q 你 叫 什么 名字？
Nǐ jiào shénme míngzi

→ 我 叫 "李美先"。
Wǒ jiào "Lǐ měi xiān"

무엇이라 부릅니까?
이름을 무엇이라 부릅니까?
Q 당신은 이름이 뭐예요?
→ 저는 "이미선"이라 부릅니다.

무엇이라 불러요

叫 什么？
jiào shénme

Q 这个 叫 什么？
Zhège jiào shénme

Q 那个 叫 什么？
Nàge jiào shénme

→ 这 个 叫 "蛋糕"。
Zhège jiào "dàngāo"

→ 那 个 叫 "面包"。
Nàge jiào "miànbāo"

Q 이것은 무엇이라 합니까?
Q 그것은 무엇이라 합니까?
→ 이것은 "딴까오(케이크)"라 해요.
→ 그것은 "미엔빠오(빵)"라 해요.

◆ 기본 문형 연습 (2)

| shì | 是~ | ~이다. | |

누구입니까
是 谁？
shì shuí

是 谁？
Shì shuí

他 是 谁？
Tā shì shuí

Q 他是谁的老师？
Tā shì shuí de lǎoshī

➜ 他 是 老师。
Tā shì lǎoshī

➜ 他是我的老师。
Tā shì wǒ de lǎoshī

무엇입니까
是 什么？
shì shénme

是 什么？
Shì shénme

是 什么 水果？
Shì shénme shuǐguǒ

Q 这(个)是什么水果？
Zhè shì shénme shuǐguǒ

➜ 这 是 西瓜。
Zhè shì xīguā

➜ 这 是 好吃 的 西瓜。
Zhè shì hǎochī de xīguā

누구 것 입니까
是 谁的？
shì shuíde

Q 这些 是 谁的？
Zhèxiē shì shuíde

Q 这些 都是你的 吗？
Zhèxiē dōu shì nǐde ma

➜ 这 些 是 我的。
Zhèxiē shì wǒde

➜ 这 些 都是我的。
Zhèxiē dōu shì wǒde

누구입니까?
그는 누구입니까?
Q 그는 누구의 선생님입니까?
➜ 그는 선생님입니다.
➜ 그는 저의 선생님입니다.

무엇입니까?
무슨 과일입니까?
Q 이것은 무슨 과일입니까?
➜ 이것은 수박입니다
➜ 이것은 맛있는 수박입니다.

Q 이것들은 누구 것입니까?
Q 이것들은 모두 당신 것입니까?

➜ 이것들은 제 것입니다.
➜ 이것들은 모두 제 것입니다

STEP 3 중국어 기본기 다지기

◆ 호칭과 함께 회화연습

A： 宝宝，你叫 什么 名字？
　　Bǎobao, nǐ jiào shénme míngzi

B： 我 叫 圆圆。
　　Wǒ jiào yuányuán

얘야, 너는 이름이 뭐니?
저는 위엔 위엔 이라고 해요.

A： 阿姨， 这个 多少 钱？
　　Āyí,　　zhège duōshǎoqián

B： 这个 三百二。
　　Zhège sānbǎi'èr

아주머니, 이것은 얼마에요?
이것은 320위안입니다.

A： 保安，你帮 我 一下，好吗？
　　Bǎo'ān, nǐ bāngwǒ yíxià, hǎoma

경비(아저씨), 저 좀 도와 주실 수 있나요?

A： 老板， 便宜 一点儿，好吗？
　　Lǎobǎn, piányi yìdiǎnr, hǎoma

사장님, 싸게 해 주실 수 있나요?

A： 师傅，去这个地方，好吗？
Shīfu, qù zhège dìfang, hǎoma
아저씨, 이곳으로 가주실 수 있나요?

· **去** qù 가다　· **地方** dìfang 곳, 장소

A： 老师，这叫什么？
Lǎoshī, zhè jiào shénme
선생님, 이것은 뭐라고 부르나요?

A： 服务员，给我菜单。
Fúwùyuán, gěiwǒ càidān
저기요 (서비스업종에 일하는 직원호칭), 메뉴판 주세요.

A： 小姐，请等一下，好吗？
Xiǎojiě, qǐng děngyíxià, hǎoma
아가씨, 기다려주실 수 있나요?

STEP 4 미션체크 연습문제

1. 다음 시간을 읽어 봅시다.

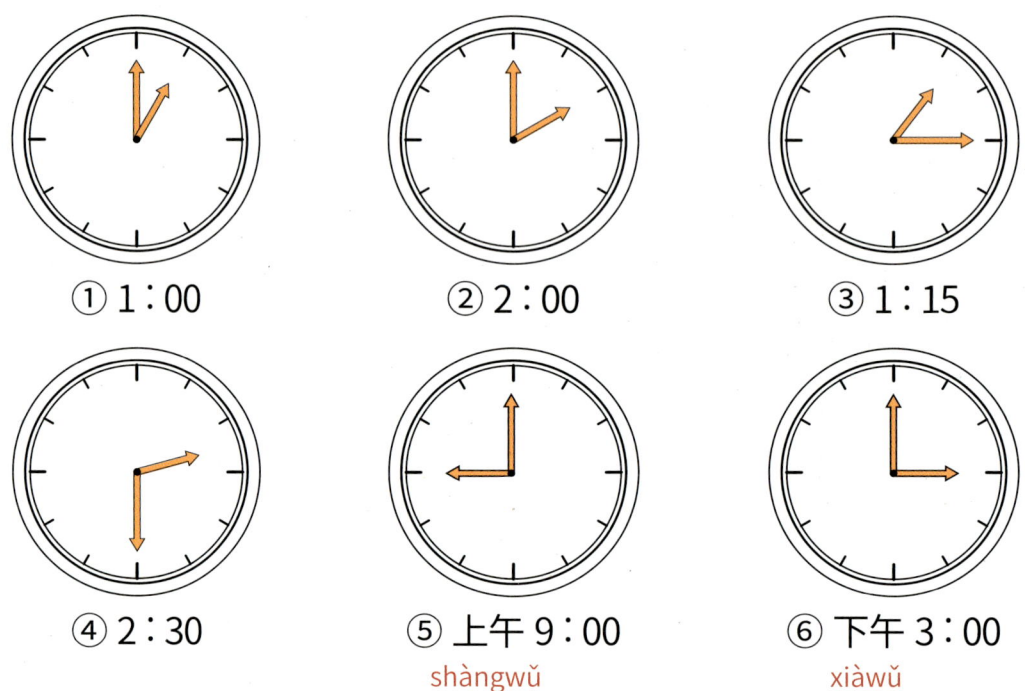

① 1:00 ② 2:00 ③ 1:15

④ 2:30 ⑤ 上午 9:00 shàngwǔ ⑥ 下午 3:00 xiàwǔ

2. 다음 그림을 보고 一[yì, yí]의 성조변화를 생각하면서 병음을 넣어 봅시다.

_____ měishì 一杯美式

_____ nátiě 一杯拿铁

_____ píjiǔ 一瓶啤酒

_____ dàngāo 一块蛋糕

_____ mǐfàn 一碗米饭

_____ kělè 一听可乐

_____ yīfu 一件衣服

_____ bīngshuǐ 一杯冰水

_____ shū 一本书

_____ qián 一块钱

_____ qián 一毛钱

_____ píngguǒ 一个苹果

DAY 06

3. 다음을 읽어보고 해석해봅시다.

| 叫 jiào | 叫他 | 叫谁? | 叫什么? |
| 是 shì | 是他 | 是谁? | 是什么? |

4. 다음 주어진 표의 단어를 말해보고 아래의 문장을 완성하여 말해봅시다.

주 부		술 부
① 이것 这个 ② 그것 ③ 그는 ④ 당신은 ⑤ 내 것 ⑥ 당신 것	是 不 是 shì bú shì	① 내거 我的 ② 당신 것 ③ 선생님 ④ 사장님 ⑤ 이것 ⑥ 그것

① 이것은 내 것 입니까? _____
② 그것은 당신 것 입니까? _____
③ 그는 선생님 입니까? _____
④ 당신은 사장님 입니까? _____
⑤ 내 것이 이것 입니까? _____
⑥ 당신 것이 그것 입니까? _____

5. 다음 그림을 보면서 호칭을 불러 봅시다.

아저씨
경비
아줌마
선생님
사장님
종업원

PART 1
서바이벌 발음편

STEP1
발음 마스터과정 7
발음실전노트 1
숫자활용 2-1 월,일,요일(1)

DAY 07

PART 2
서바이벌 회화편

STEP2
단어카드로 배우는 서바이벌 구문

단어카드　　　국가와 도시
서바이벌구문 7　你在哪儿 - 我在北京

STEP3
중국어 기본기 다지기

여러 가지 부사
第7课 我有点儿忙 저는 조금 바쁩니다
바로 꺼내 쓰는 패턴 중국어 【有点儿 + 형】

STEP4
미션체크 연습문제

STEP 2 단어카드로 배우는 서바이벌 구문

🔊 **MP3** 07-2

서바이벌 단어카드 7

你 在 哪儿?
Nǐ zài nǎr

我 在 北京。
Wǒ zài Běijīng

韩国
Hánguó
한국

中国
Zhōngguó
중국

美国
Měiguó
미국

日本
Rìběn
일본
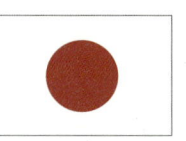

北京
Běijīng
베이징

上海
Shànghǎi
상하이

广州
Guǎngzhōu
광저우

香港
Xiānggǎng
홍콩

DAY 07

서바이벌 기초구문 7

Nǐ zài nǎr
Wǒ zài Běijīng
당신은 어디에 있습니까
저는 북경에 있습니다
你在哪儿？我在北京。

在 장소 (~장소) 에 있다
zài

去 장소 (~장소) 에 가다
qù

- **부정문** 不在 búzài (~장소) 에 있지 않다 / 不去 búqù (~장소) 에 가지 않는다
- 《 在哪儿？zài nǎr 어디 있습니까 / 去哪儿？qù nǎr 어디갑니까 》 형태로 연습해봅시다.
- 북경에 있습니다 在北京。Zài Běijīng / 북경에 갑니다 去北京。Qù Běijīng
- 상해에 있습니다 在上海。Zài Shànghǎi / 상해에 갑니다 去上海。Qù Shànghǎi

这儿 여기   **那儿** 거기, 저기   **哪儿** 어디
zhèr   nàr   nǎr

| 이 | 这 | zhè | 그, 저 | 那 | nà | 어느 | 哪 | nǎ |
| 이것 | 这个 | zhège | 그것, 저것 | 那个 | nàge | 어느 것 | 哪个 | nǎge |

- **어디**에 있습니까 在哪儿？Zài nǎr / **어디**가요 去哪儿？Qù nǎr
- **여기**에 있습니다 在这儿。Zài zhèr / **저기**에 갑니다 去那儿。Qù nàr

★**참고** 부록3 : <동요1> 배우고 노래해봅시다.

STEP 2 단어카드로 배우는 서바이벌 구문

미션샘의 강의노트

měishì	hánshì	zhōngshì	rìshì
美式	韩式	中式	日式
미국스타일	한국스타일	중국스타일	일본스타일

- 제4강에서 "아메리카노: 美式 měishì"를 배웠습니다. 원래 "美式咖啡 měishì kāfēi 미국스타일 커피"를 간단히 말한 것 입니다. 미국 스타일이라는 단어 뿐아니라 한국스타일, 중국스타일, 일본스타일도 같이 익혀봅시다.

◎ 다음 단어를 끝말 잇기로 연습해봅시다.

xuésheng	shēngrì	rìběn	běnzi
学生	生日	日本	本子
학생	생일	일본	노트

- 学生(학생)에서 生은 sheng 경성으로 읽어주지만 生 의 원래 성조는 shēng 제1성입니다.

◆ 다음 반3성을 연습해봅시다.

◎ 3성 + 1성 성조 조합을 연습해봅시다.   반3성 + 1성

bǎo'ān	lǎoshī	Běijīng	Guǎngzhōu
保安	老师	北京	广州
경비	선생님	베이징	광저우

◎ **3성 + 2성 성조 조합을 연습해봅시다.**   반3성 + 2성

lǎoyé	cǎoméi	Měiguó	hěn máng
姥爷	草莓	美国	很忙
외할아버지	딸기	미국	매우 바쁘다

➡ **발음할 때 주의점** 반3성은 낮게 시작하여 더 낮게 음을 내리고 잇달아 나오는 2성은 자연스럽게 올라오며 발음합니다.

◎ **3성 + 4성 성조 조합을 연습해봅시다.**   반3성 + 4성

mǐfàn	kělè	měishì	diǎncài
米饭	可乐	美式	点菜
밥	콜라	아메리카노	주문하다

➡ **발음할 때 주의점** 반3성은 낮게 시작하여 더 낮게 음을 내리고 힘을 주며 4성은 높은 곳에서 시작 힘주며 떨어져야 합니다.

◎ **3성 + 경성 성조 조합을 연습해봅시다.**   반3성 + 경성

lǎolao	bǎobao	yǐzi	lǐbianr
姥姥	宝宝	椅子	里边儿
외할머니	아가 (부르는 말)	의자	안쪽

◎ **3성 + 3성 성조 조합을 연습해봅시다.**   3성 + 3성

lǎobǎn	xiǎojiě	gěi wǒ	shǒubiǎo
老板	小姐	给我	手表
사장님	아가씨	저에게 주세요	손목시계

STEP 2 단어카드로 배우는 서바이벌 구문

미션따라 구문연습
다음 단어를 읽어보고 다음 구문에 넣어 연습해봅시다.

➡ A: 你 在 哪儿?　　B: 我 在 _____。
　　　Nǐ zài nǎr　　　　　Wǒ zài ~
　　당신은 어디 계세요?　　저는 ____에 있습니다.

1.

2.

3.

4.

해답

1. 韩国　　2. 中国　　3. 美国　　4. 日本

➡ A: Nǐ qù nǎr
　　你 去 哪儿?
　　당신은 어디 가세요?

B: Wǒ qù ~
　我 去 _____。
　저는 _____ 갑니다.

5. 베이징

6. 상하이

7. 광저우

8. 홍콩

해답

5. 北京　　6. 上海　　7. 广州　　8. 香港

STEP 3 중국어 기본기 다지기

🔊 **MP3** 07-3

형용사 술어문

주●어 ◇ ▲술어 ☆
　　　부사어　　　형용사　　　　　어기조사

➡ 부사어는 중국어 어법에서 状语 zhuàngyǔ (상황어) 라고 한다.
➡ 어기 조사 (吗, 吧, 呢 …)는 문장 끝에 놓인다.

A: 你 忙 吗?
　　Nǐ máng ma
B: 我 有点儿 忙。
　　Wǒ yǒudiǎnr máng
A: 他们 呢?
　　Tāmen ne
B: 他们 都 不 忙。
　　Tāmen dōu bù máng

A: 你的包 贵不贵?
　　Nǐde bāo guìbuguì
B: 我的 不太 贵。
　　Wǒde bútài guì
A: 他的呢?
　　Tāde ne
B: 他的 也 不太 贵。
　　Tāde yě bútài guì

DAY 07

第7课 我有点儿忙
저는 조금 바쁩니다

生词 새 단어

부사	有点儿	yǒudiǎnr	약간
	不太	bútài	그다지 ~ 하지 않다
	也	yě	또한
형용사	贵	guì	비싸다
어기조사	呢	ne	
	여기서는 반문하는 어기(语气)를 갖는 어기조사 "~ 는요?"로 쓰임		

★참고 贵不贵？는 천천히 읽으면 guì bú guì 이지만, <긍정부정의문문>에서 不 bù는 본문과 같이 경성으로 읽어 주면 말하는 속도를 빨리할 수 있다.

解释 해석

A : 당신은 바쁩니까?

B : 저는 약간 바쁩니다.

A : 그들은 요?

B : 그들은 모두 바쁘지 않습니다.

_____

A : 당신 거는 비싸요 안 비싸요?

B : 제 것은 그다지 비싸지 않아요.

A : 그의 것은 요?

B : 그의 것도 그다지 비싸지 않습니다.

STEP 3 중국어 기본기 다지기

미션샘과 기본기 연습
다음 단어들을 성조와 발음을 주의하여 외워봅시다.
<기초 형용사 1>을 다 외우고 <기초 형용사 2>도 반복해서 읽어봅시다.

기초 형용사 1

高 gāo	新 xīn	聪明 cōngming	新鲜 xīnxiān
높다, 키가 크다	새롭다	똑똑하다	신선하다
忙 máng	难 nán	便宜 piányi	容易 róngyì
바쁘다	어렵다	싸다	쉽다
好 hǎo	老 lǎo	好吃 hǎochī	好看 hǎokàn
좋다	늙다, 질기다	맛있다	보기좋다
大 dà	快 kuài	漂亮 piàoliang	快乐 kuàilè
크다	빠르다	예쁘다	즐겁다

아래 뜻과 병음을 보고 한자를 써봅시다.

높다, 키가 크다 gāo	새롭다 xīn	똑똑하다 cōngming	신선하다 xīnxiān
바쁘다 máng	어렵다 nán	싸다 piányi	쉽다 róngyì
좋다 hǎo	늙다, 질기다 lǎo	맛있다 hǎochī	보기 좋다 hǎokàn
크다 dà	빠르다 kuài	예쁘다 piàoliang	즐겁다 kuàilè

기초 형용사 2

多 duō	脏 zāng	干 gān	干净 gānjìng
많다	더럽다	마르다, 건조하다	깨끗하다
长 cháng	凉 liáng	甜 tián	高兴 gāoxìng
길다	서늘하다	달다	기쁘다
小 xiǎo	远 yuǎn	冷 lěng	方便 fāngbiàn
작다	멀다	춥다	편리하다
差 chà	累 lèi	辣 là	好听 hǎotīng
부족하다	피곤하다	맵다	듣기 좋다
饿 è	热 rè	胖 pàng	可爱 kě'ài
배고프다	덥다	뚱뚱하다	귀엽다

아래 뜻과 병음을 보고 한자를 써봅시다.

많다 duō	더럽다 zāng	마르다, 건조하다 gān	깨끗하다 gānjìng
길다 cháng	서늘하다 liáng	달다 tián	기쁘다 gāoxìng
작다 xiǎo	멀다 yuǎn	춥다 lěng	편리하다 fāngbiàn
부족하다 chà	피곤하다 lèi	맵다 là	듣기 좋다 hǎotīng
배고프다 è	덥다 rè	뚱뚱하다 pàng	귀엽다 kě'ài

STEP 3 중국어 기본기 다지기

다음 기초 문장을 읽어보고 아래 주어진 단어를 밑줄에 넣어 연습해봅시다.

Q1 你热不热？

1. 我很热。
   Wǒ hěn rè

2. 我不热。
   Wǒ bú rè

3. 我有点儿热。
   Wǒ yǒudiǎnr rè

Q1 당신 더워요?

1. 저는 매우 더워요.
2. 저는 안 더워요.
3. 저는 조금 더워요.

춥다	冷	_____
피곤하다	累	_____
뚱뚱하다	胖	_____

Q2 我的衣服漂亮吗？

1. 你的很漂亮。
   Nǐde hěn piàoliang

2. 他的也很漂亮。
   Tāde yě hěn piàoliang

3. 你们的都非常漂亮。
   Nǐmen de dōu fēicháng piàoliang

❖ 非常 fēicháng 아주

Q2 제 옷 예뻐요?

1. 당신의 것은 매우 예뻐요.
2. 그의 것도 매우 예뻐요.
3. 당신들 것은 모두 아주 예뻐요

보기 좋다	好看	_____
깨끗하다	干净	_____
귀엽다	可爱	_____

다음 기초 문장을 읽어보고 아래 주어진 단어를 밑줄에 넣어 연습해봅시다.

Q3 你买的多吗？

1. 我买的不多。
   Wǒ mǎi de bù duō

2. 我买的不太多。
   Wǒ mǎi de bú tài duō

3. 我买的很少。
   Wǒ mǎi de hěn shǎo

❖ 少 shǎo 적다

Q3 당신이 산 것이 많아요?

1. 제가 산 것은 많지 않아요.
2. 제가 산 것은 그다지 많지 않아요.
3. 제가 산 것은 매우 적어요.

| 비싸다 | 贵 | _____ |
| 싸다 | 便宜 | _____ |

Q4 这个好不好吃？

1. 这个很好吃。
   Zhège hěn hǎochī

2. 这些都非常好吃。
   Zhè xiē dōu fēicháng hǎochī

3. 那个有点儿不好吃。
   Nàge yǒudiǎnr bù hǎochī

Q4 이것은 맛있어요?

1. 이것은 매우 맛있어요.
2. 이것들은 다 아주 맛있어요.
3. 그것은 조금 맛 없어요.

맵다	辣	_____
달다	甜	_____
듣기 좋다	好听	_____

STEP 3 중국어 기본기 다지기

🔊 **MP3** 07-4

바로 꺼내 쓰는 패턴 중국어 1

> **현지에서 형용사와 많이 사용되는 기초 부사**
> ❖ 很 hěn 매우
> ❖ 有点儿 yǒudiǎnr 약간~, 조금~
> ➲ 有点儿 은 "약간 (좋지 않다)"는 느낌이므로 有点儿 뒤에는 좋지 않음을 나타내는 형용사가 쓰인다.

★ 【有点儿 yǒudiǎnr + 형용사】를 연습해봅시다.

1.	좀 많아요.	有点儿多。	Yǒudiǎnr duō
	이것들 좀 많아요.	这些有点儿多。	Zhèxiē yǒudiǎnr duō
2.	좀 더럽네요.	有点儿脏。	Yǒudiǎnr zāng
	여기 좀 더럽네요.	这儿有点儿脏。	Zhèr yǒudiǎnr zāng
3.	좀 건조합니다.	有点儿干。	Yǒudiǎnr gān
	집안이 좀 건조합니다.	家里有点儿干。	Jiāli yǒudiǎnr gān
4.	좀 서늘하네요.	有点儿凉。	Yǒudiǎnr liáng
	여기 좀 서늘하네요.	这儿有点儿凉。	Zhèr yǒudiǎnr liáng
5.	좀 달아요.	有点儿甜。	Yǒudiǎnr tián
	이 음식 좀 달아요.	这个菜有点儿甜。	Zhègecài yǒudiǎnr tián
6.	좀 작아요.	有点儿小。	Yǒudiǎnr xiǎo
	이 수박 좀 작아요.	这个西瓜有点儿小。	Zhège xīguā yǒudiǎnr xiǎo

这个西瓜有点儿小。

7.	좀 커요.	有点儿大。	Yǒudiǎnr dà
	이 옷은 좀 큽니다.	这件衣服有点儿大。	Zhèjiàn yīfu yǒudiǎnr dà
8.	좀 멀어요.	有点儿远。	Yǒudiǎnr yuǎn
	우리 집이 좀 멀어요.	我家有点儿远。	Wǒjiā yǒudiǎnr yuǎn
9.	좀 추워요.	有点儿冷。	Yǒudiǎnr lěng
	여기 좀 추워요.	这儿有点儿冷。	Zhèr yǒudiǎnr lěng
10.	좀 비싸네요.	有点儿贵。	Yǒudiǎnr guì
	여기 좀 비싸네요.	这儿有点儿贵。	Zhèr yǒudiǎnr guì
11.	좀 피곤해요.	有点儿累。	Yǒudiǎnr lèi
	오늘 좀 피곤합니다.	今天有点儿累。	Jīntiān yǒudiǎnr lèi
12.	좀 뚱뚱해요.	有点儿胖。	Yǒudiǎnr pàng
	우리 아빠는 좀 뚱뚱합니다.	我爸爸有点儿胖。	Wǒbàba yǒudiǎnr pàng

STEP 4 미션체크 연습문제

1. 다음 주어진 형용사의 병음을 써봅시다.

① **1성**   많다 多   더럽다 脏

② **2성**   서늘하다 凉   달다 甜

③ **3성**   멀다 远   춥다 冷

④ **1성 + 4성**   깨끗하다 干净   기쁘다 高兴   편리하다 方便

2. 다음 날짜·요일을 읽어 봅시다.

| 2월 10일 토요일 | 5월 16일 목요일 | 10월 14일 화요일 | 12월 25일 일요일 |

3. 다음 지시사·장소사를 다시 외워봅시다.

이 这 zhè	그, 저 那 nà	어느 哪 nǎ
이것 这个 zhège	그것, 저것 那个 nàge	어느 것 哪个 nǎge
여기 这儿 zhèr	거기, 저기 那儿 nàr	어디 哪儿 nǎr

4. 다음은 여러 가지 부사입니다. 힌트를 보면서 병음을 써봅시다.

• 매우 很	• 아주 非常	• 그다지~않다 不太	• 약간 有点儿
hen	feichang	butai	youdianr
• 또한, 도 也	• 모두 都	• 가장 最	• 부정사 不
ye	dou	zui	bu

DAY 07

5. 중국어 기본 어순표 를 참고하여 다음 문장을 만들어 봅시다.

① 이것은 약간 달아요.   这个 有点儿 甜。
② 어느 것이 가장 달아요?   _____
③ 여기 약간 춥네요.   _____
④ 저기가 가장 깨끗합니다.   _____
⑤ 거긴 약간 멀어요.   _____
⑥ 저는 오늘(今天 jīntiān) 아주 기쁩니다.   _____

6. 다음 지명을 중국어로 말해보고 [~에 있다 在~ : zài~]를 붙여서도 연습해봅시다.

 베이징
 상하이
 홍콩
 광저우

7. 다음 지명을 읽어봅시다.

加拿大	英国	法国	德国
Jiānádà	Yīngguó	Fǎguó	Déguó
캐나다	영국	프랑스	독일

PART 1
서바이벌 발음편

STEP1
발음 마스터과정 8
발음실전노트 2
숫자활용 2-2 월,일,요일(2)

DAY 08

PART 2
서바이벌 회화편

STEP2
단어카드로 배우는 서바이벌 구문

단어카드　　　공간 및 가구 명칭
서바이벌구문 8　这儿有没有洗手间

STEP3
중국어 기본기 다지기

동량사 : 一下
第8课 你拿一下冰水　찬물 좀 갖다 주세요
바로 꺼내 쓰는 패턴 중국어(2) 【동 + 一下】

STEP4
미션체크 연습문제

STEP 2 단어카드로 배우는 서바이벌 구문

🔊 **MP3 08-1**

서바이벌 단어카드 8

这儿 有没有 洗手间?
Zhèr yǒuméiyǒu xǐshǒujiān

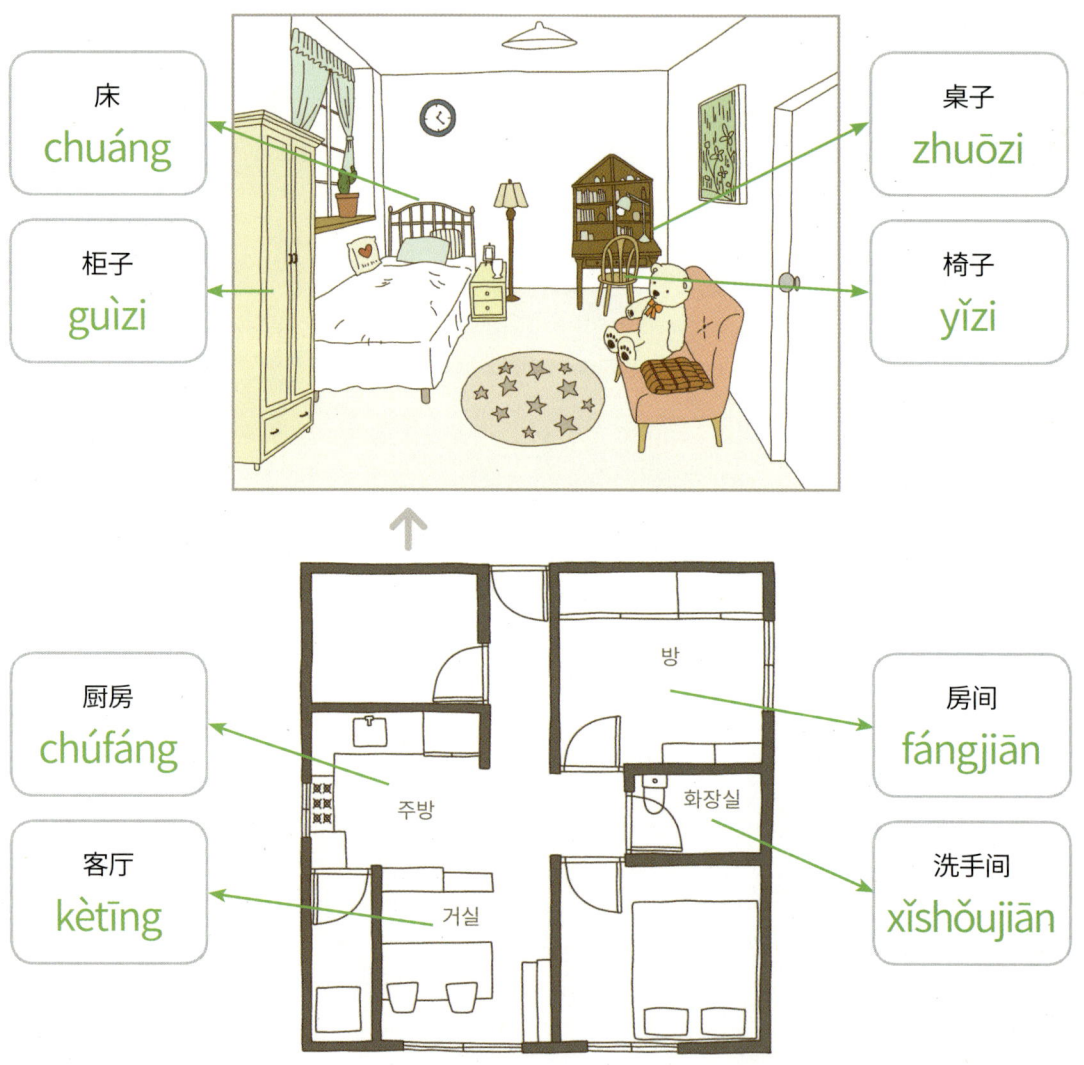

| 床 chuáng 침대 | 柜子 guìzi 옷장 | 桌子 zhuōzi 책상 | 椅子 yǐzi 의자 |
| 厨房 chúfáng 주방 | 客厅 kètīng 거실 | 房间 fángjiān 방 | 洗手间 xǐshǒujiān 화장실 |

DAY 08

서바이벌 기초구문 8

> **Zhèr yǒuméiyǒu xǐshǒujiān**
> 여기에 화장실이 있습니까 없습니까
> **这儿有没有洗手间?**

有 ~이/가 있다
yǒu

没有 ~이/가 없다
méiyǒu

- 제1강 <서바이벌 단어카드1> 에서 "상관 없습니다: 没关系"를 배운 적이 있습니다. 没는 没有에서 有가 생략된 형태입니다. 有의 부정형은 没有입니다.

- 책상이 있습니까?   有桌子吗？   Yǒu zhuōzi ma
- 여기에 탁자가 있습니까?   这儿有桌子吗？   Zhèr yǒu zhuōzi ma
- 여기에 의자가 있습니까?   这儿有椅子吗？   Zhèr yǒu yǐzi ma
- 여기에 화장실이 있습니까?   这儿有洗手间吗？   Zhèr yǒu xǐshǒujiān ma

这儿附近 여기 부근
zhèr fùjìn

那儿附近 저기 부근
nàr fùjìn

- 부근, 근처   附近   fùjìn
- 여기 부근에 화장실이 있습니까?   这儿附近有没有洗手间？   Zhèr fùjìn yǒu méi yǒu xǐshǒujiān

STEP 2 단어카드로 배우는 서바이벌 구문

 # 미션샘의 강의노트

◎ 안, 안쪽을 표현하는 단어는 아래와 같이 다양하게 표현될 수 있습니다.

안, 안쪽	里 lǐ	里边 lǐbiān	里边儿 lǐbiānr	里面 lǐmiàn
방 안	房间里	房间里边	房间里边儿	房间里面

- 방 안 : 房间 fángjiān 방 + 里 lǐ 안 ,
  안 / 안쪽을 나타내는 단어는 위와 같이 다양하게 표현할 수 있습니다.
- **방향과 위치를 표현하는 단어** 즉 里와 같은 단어를 **방위사**(★참고 제9강 서바이벌 단어카드)
  라고 합니다.

◎ 다음 장소화 할 수 있는 방위사 里 lǐ 또는 边 biān 을 붙여 다음을 연습해봅시다.

여기	这儿 zhèr	这里 zhèlǐ	这边 zhèbiān
거기(저기)	那儿 nàr	那里 nàlǐ	那边 nàbiān
어디	哪儿 nǎr	哪里 nǎlǐ	哪边 nǎbiān

◎ 다음 성조 순서를 생각하며 단어를 외워봅시다. **1성+경성, 2성, 3성+경성, 4성+경성**

zhuōzi	chuáng	yǐzi	guìzi
桌子	床	椅子	柜子
탁자	침대	의자	장

◎ 공통 한자의 단어를 생각하면서 연습해봅시다.

fángjiān / xǐshǒujiān	kètīng / cāntīng	chúfáng / fángjiān
房间 / 洗手间	客厅 / 餐厅	厨房 / 房间
방 / 화장실	거실 / 식당	주방 / 방

◎ 다음 해석을 보고 문장을 만들어 봅시다.

- 돈이 있습니까?
- 친구가 있습니까 없습니까?
- 당신은 잔돈이 있습니까?
- 당신은 중국친구가 있습니까 없습니까?

  - 有钱吗？　　　　　　　Yǒu qián ma
  - 有没有朋友？　　　　　Yǒu méi yǒu péngyou
  - 你有零钱吗？　　　　　Nǐ yǒu língqián ma
  - 你有没有中国朋友？　　Nǐ yǒu méi yǒu Zhōngguó péngyou

- 무엇이 있습니까?
- 방안에 무엇이 있습니까?
- 여기에 무엇이 있습니까?
- 여기 부근에 화장실이 있습니까 없습니까?

  - 有什么？　　　　　　　　　　　Yǒu shénme
  - 房间里有什么？　　　　　　　　Fángjiānlǐ yǒu shénme
  - 这里 (这儿) 有什么？　　　　　Zhè lǐ (=zhèr) yǒu shénme
  - 这里 (这儿) 附近有没有洗手间？　Zhè lǐ (=zhèr) fùjìn yǒu méi yǒu xǐshǒujiān

STEP 2 단어카드로 배우는 서바이벌 구문

미션따라 구문연습
다음 보기를 읽어 보고 제시에 맞추어 구문을 만들어 봅시다.

➡ *Zhèr yǒuméiyǒu*
这儿 有 没 有 _____ ?
여기에 _____ 이 (가) 있습니까? 없습니까?

→ *Zhèr yǒu*
这儿 有 ~ /

→ *Zhèr méiyǒu*
这儿 没 有 ~

1.

2.

3.

4.

해답
1. 桌子   2. 椅子   3. 床   4. 柜子

→ **那里 有没有 _____ ?** Nàlǐ yǒuméiyǒu
거기에 _____ 이 (가) 있습니까? 없습니까?

→ **那里 有 ~** Nàlǐ yǒu / → **那里 没有 ~** Nàlǐ méiyǒu

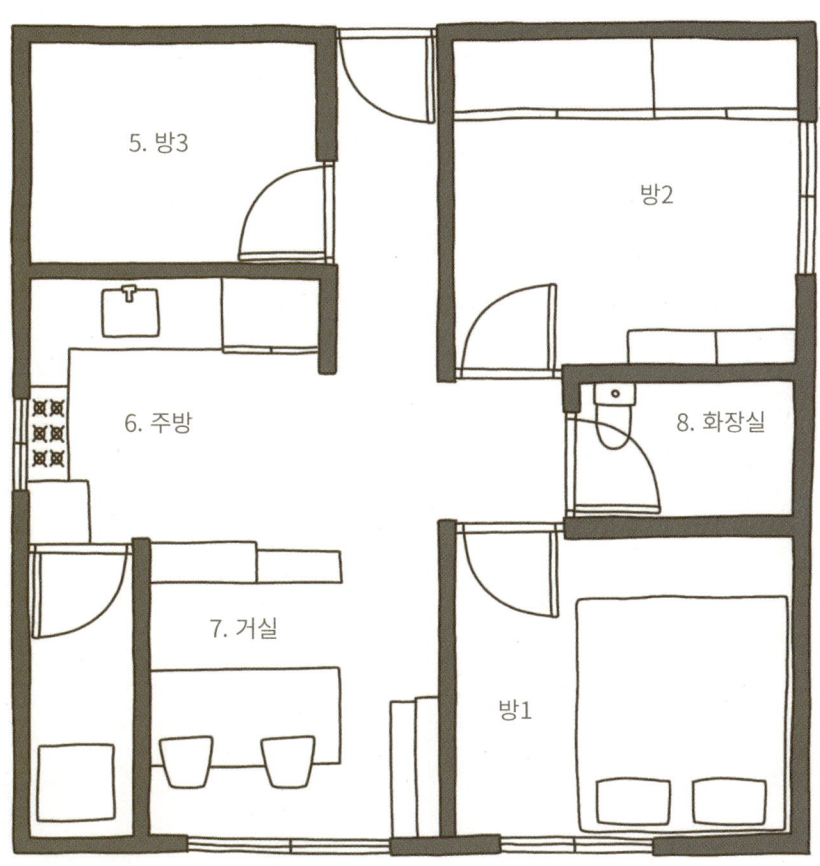

해답

5. 房间   6. 厨房   7. 客厅   8. 洗手间

STEP 3   중국어 기본기 다지기

🔊 **MP3** 08-3

동사 술어문 & ~ 一下

중국어 기본 어순

주어   ◇   술어   ▽   목적어   ☆

➲ 술어 뒤에는 술어 보충성분인 보어 ▽ 가 놓인다.
➲ 부사어는 중국어 어법에서 状语（상황어）라고 한다.
➲ 어기 조사 (吗, 吧, 呢 …) 는 문장 끝에 놓인다.

A : 你 要不要 甜品？
　　Nǐ yào bu yào tiánpǐn

B : 我 不 要。
　　Wǒ bú yào

A : 他们 也 不 要 吗？
　　Tāmen yě bú yào ma

B : 他们 都 不 要。
　　Tāmen dōu bú yào

A : 服务员，你 拿 一下 菜单。
　　Fúwùyuán, nǐ ná yíxià càidān

B : 菜单 在 这里。
　　Càidān zài zhèli

A : 你 拿 一下 一杯 冰水。
　　Nǐ ná yíxià yìbēi bīngshuǐ

B : 好的。
　　Hǎo de

菜单在这里

你拿一下菜单

DAY 08

第8课 你拿一下冰水
찬물 좀 가져다주세요

生词 새 단어

| 동량사 | 一下 | yíxià | 잠시 ~ (해주세요) |

동사 뒤에 쓰인 一下 yíxià 는 동량사로 "잠시 ~ (해주세요)"의 뜻이다.
동사 뒤에서 보어로 쓰인다.

| 명사 | 甜品 | tiánpǐn | 디저트 |

| 어기조사 | 的 | de | |

好的 여기서 문장 끝에 쓰인 的 de 는 음절을 맞추기 위해 쓰인 어기조사이고 의미는 없다. 그대로 외워서 회화에서 쓰도록 하자.
(예) 好的 hǎode 좋습니다, 알겠습니다 / 是的 shìde 그렇습니다 / 对的 duìde 맞습니다

解释 해석

A : 당신은 디저트를 원해요?

B : 저는 필요 없습니다.

A : 그들은 또한 원하지 않습니까?

B : 그들 모두 원하지 않습니다.

A : 저기요! 당신은 메뉴판 좀 갖다주세요.

B : 메뉴판은 여기에 있습니다.

A : 당신 찬물 한 잔 좀 갖다주세요.

B : 알겠습니다.

STEP 3 중국어 기본기 다지기

미션샘과 기본기 연습

다음 단어들을 성조와 발음을 주의하여 외워봅시다.
<기초 동사 1>을 다 외우고 **<기초 동사 2>**도 반복해서 읽어봅시다.

기초 동사 1

吃 / 喝 chī / hē 먹다 / 마시다	**加** jiā 더하다, 추가하다	**开** kāi 켜다, 열다	**开始** kāishǐ 시작하다
拿 ná 가지고 오다	**学** xué 공부하다	**玩** wán 놀다	**学习** xuéxí 공부하다
买 mǎi 사다	**洗** xǐ 씻다	**点** diǎn 주문하다	**喜欢** xǐhuān 좋아하다
要 yào 원하다	**上** shàng 오르다	**送** sòng 보내다, 배달하다	**认识** rènshi 알다

★참고 – **认识** (감각, 주로 시각을 통해 단순 사실을) 알다　**我认识你，很高兴。** 당신을 알게 되어 매우 기쁩니다.
　　　　　　　　　　　　　　　　　　　　　　　　Wǒ rènshi nǐ, hěn gāoxìng

아래 뜻과 병음을 보고 한자를 써봅시다.

먹다 / 마시다 chī / hē	더하다, 추가하다 jiā	켜다, 열다 kāi	시작하다 kāishǐ
가지고 오다 ná	공부하다 xué	놀다 wán	공부하다 xuéxí
사다 mǎi	씻다 xǐ	주문하다 diǎn	좋아하다 xǐhuān
원하다 yào	오르다 shàng	보내다, 배달하다 sòng	알다 rènshi

기초 동사 2

听 tīng 듣다	**说 shuō** 말하다	**收 shōu** 받다, 치우다	**帮 bāng** 돕다
停 tíng 멈추다	**存 cún** 보관하다, 맡기다	**打 dǎ** 때리다, (전화를)걸다	**取 qǔ** 찾다, 받다
知道 zhīdao 알다	**休息 xiūxi** 휴식하다	**工作 gōngzuò** 일하다	**可以 kěyǐ** 괜찮다, 된다
看 kàn 보다	**带 dài** 휴대하다, 데리고 있다	**换 huàn** 바꾸다	**退 tuì** 물리다, 환불하다

★참고 – 知道 (경험이나 교육을 통해 얻은 정보나 사실을) 알다   我知道他的手机号码。 나는 그의 전화번호를 압니다.
　　　　　　　　　　　　　　　　　　　　　　　　　　　　　　 Wǒ zhīdào tāde shǒujīhàomǎ

아래 뜻과 병음을 보고 한자를 써봅시다.

듣다 tīng	말하다 shuō	받다, 치우다 shōu	돕다 bāng
멈추다 tíng	때리다, (전화를)걸다 dǎ	놀다 wán	찾다, 받다 qǔ
알다 zhīdao	휴식하다 xiūxi	일하다 gōngzuò	괜찮다, 된다 kěyǐ
보다 kàn	휴대하다, 데리고 있다 dài	바꾸다 huàn	물리다 tuì

STEP 3 중국어 기본기 다지기

다음 기초 문장을 읽어보고 아래 주어진 단어를 밑줄에 넣어 연습해봅시다.

Q1 你 吃 不 吃 米饭?

1. 我吃米饭。
   Wǒ chī mǐfàn

2. 我不要米饭。
   Wǒ bú yào mǐfàn

3. 他要吃米饭。
   Tā yào chī mǐfàn

Q2 你们 几点 上 课?

1. 我们 三点 上课。
   Wǒmen sāndiǎn shàngkè

2. 我们 上午 十点 上课。
   Wǒmen shàngwǔ shídiǎn shàngkè

3. 我 上午 上课, 他 下午 上课。
   Wǒ shàngwǔ shàngkè tā xiàwǔ shàngkè

Q1 당신 밥 먹어요?

1. 전 밥 먹어요.
2. 저는 밥 원하지 않아요.
3. 그는 밥 먹길 원합니다.

Q2 당신들은 몇 시에 수업합니까?

1. 우리들은 3시에 수업합니다.
2. 우리들은 오전 10시에 수업합니다.
3. 저는 오전에 수업하고 그는 오후에 수업합니다.

국수를 먹다   吃面条 _____ miàntiáo

아메리카노를 마시다   喝美式 _____

수업을 마치다   下课 _____

휴식하다   休息 _____

다음 기초 문장을 읽어보고 아래 주어진 단어를 밑줄에 넣어 연습해봅시다.

Q3 你 马上 去 吗?

1. 我 马上 去。
   Wǒ mǎshàng qù

2. 我 不 去。
   Wǒ bú qù

3. 我 马上 去, 他 不 去。
   Wǒ mǎshàng qù,   tā bú qù

❖ 马上 mǎshàng 바로

Q3 당신은 바로 갑니까?

1. 저는 바로 갑니다.

2. 저는 안 갑니다.

3. 저는 바로 가고 그는 안 갑니다.

Q4 你 知 不 知道 他 的 手机号码?

1. 我 知道 他 的 手机号码。
   Wǒ zhīdao tā de shǒujīhàomǎ

2. 我 不知道。
   Wǒ bù zhīdao

3. 问一下 他 的 手机号码。
   Wènyíxià tā de shǒujīhàomǎ

Q4 당신은 그의 전화번호를 아십니까?

1. 저는 그의 전화번호를 압니다.

2. 저는 몰라요

3. 전화번호를 물어보세요.

전화하다	打电话 diànhuà	그의 이름	他的名字
가다, 걷다	走 zǒu	어떻게 가니	怎么走 zěnme zǒu

STEP 3 중국어 기본기 다지기

🔊 **MP3 08-4**

바로 꺼내 쓰는 패턴 중국어 2

> 현지에서 동사와 많이 사용되는 동량사 (동사 뒤에 쓰이는 양사)
>
> ❖ 동사(V) 一下 yíxià 좀 (잠시) ~ 해주세요

★ 동사+ 一下 yíxià (좀, 잠시) 를 연습해봅시다.

1. 켜주세요. 开一下。 Kāiyíxià

   에어컨을 켜주세요. 开一下空调。 Kāiyíxià kōngtiáo

2. 추가해주세요. 加一下。 Jiāyíxià

   얼음 좀 더 넣어주세요. 加一下冰块儿。 Jiāyíxià bīngkuàir

3. 치워주세요. (받아주세요) 收一下。 Shōuyíxià

   여기 좀 치워주세요. 这里收一下。 Zhèli shōuyíxià

4. 멈춰주세요. 停一下。 Tíngyíxià

   아저씨, 앞에서 멈춰주세요. 师傅，前边儿停一下。 Shīfu, qiánbianr tíngyíxià

5. 맡아주세요. 存一下。 Cúnyíxià

   경비아저씨, 당신이 잠시 맡아주세요. 保安，你存一下。 Bǎo'ān, nǐ cúnyíxià

6. 찾아가세요. 取一下。 Qǔyíxià

   아이스아메리카노 큰 잔입니다. 와서 찾아가세요. 大杯 冰美式！来取一下。 Dàbēi bīngměishì! Lái qǔyíxià

7.	좀 도와주세요.	帮一下。	Bāng yíxià
	나를 좀 도와주세요.	帮我一下。	Bāng wǒ yíxià

※ 인칭대명사(我，你，他 …)가 목적어로 놓일 때 一下는 동사 뒷자리를 인칭대명사에게 양보합니다. 통으로 외워둡시다.

8.	휴식 좀 하세요.	休息一下。	xiūxi yíxià
	여기서 잠시 쉽시다.	这儿休息一下。	Zhèr xiūxi yíxià
9.	좀 씻어주세요.	洗一下。	Xǐyíxià
	꼬마야, 손 좀 씻어요.	小朋友, 洗一下手。	Xiǎopéngyou, xǐyíxià shǒu
10.	좀 봐주세요	看一下。	Kànyíxià
	애를 좀 봐주세요.	看一下孩子。	Kànyíxià háizi
11.	좀 바꿔주세요.	换一下。	Huànyíxià
	옷을 좀 갈아입으세요. (옷을 좀 바꿔주세요)	换一下衣服。	Huànyíxià yīfu
12.	좀 물러주세요.	退一下。	Tuìyíxià
	이 음식을 좀 물러주세요.	退一下这个菜。	Tuìyíxià zhège cài

STEP 4 미션체크 연습문제

1. 다음 해석을 보고 주어진 단어의 병음을 써봅시다.

① 커피를 마시다　喝咖啡　_____

② 접시를 가지고 오다　拿来盘子　_____

③ 우유를 원하다　要牛奶　_____

④ 물을 더하다　加水　_____

2. 다음 주어진 2음절 동사의 병음을 넣어 봅시다.

① 시작하다　　开始　_____

② 공부하다　　学习　_____

③ 좋아하다　　喜欢　_____

④ 알다, 인식하다　认识　_____

3. 다음 한자를 숙지하고 그 뜻을 얘기해봅시다.

听 tīng	帮 bāng	停 tíng	存 cún
_____	_____	_____	_____
取 qǔ	带 dài	换 huàn	退 tuì
_____	_____	_____	_____

DAY 08

4. 중국어 기본 어순표를 참고하여 다음 문장을 만들어봅시다.

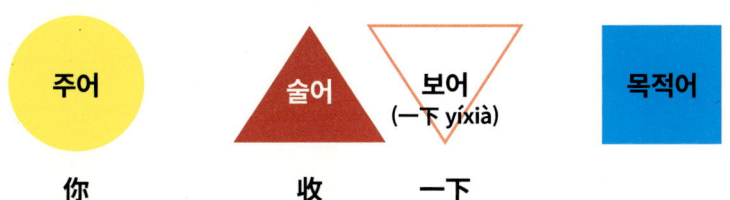

① 당신은 받아주세요. 또는 당신이 치워주세요.   你 收 一下。
② 당신은 도와주세요.   _____
③ 당신 멈춰주세요.   _____
④ 당신 찾아가세요.   _____
⑤ 당신 당신의 물건을 찾아가세요.   _____
⑥ 당신 우산（雨伞 yǔsǎn）을 휴대하세요.   _____

5. 다음 질문을 만들어 봅시다.

■ 这儿 有没有 _____ ?
Zhèr yǒuméiyǒu ~

■ 姐姐的 房间里 有没有 _____ ?
Jiějie de fángjiān li yǒuméiyǒu ~

여기에 ~ 이(가) 있습니까 없습니까?
누나 방에 ~ 이 있습니까 없습니까?

PART 1
서바이벌 발음편

STEP1
발음 마스터과정 9
발음실전노트 3
여러 가지 시간부사 1

DAY 09

PART 2
서바이벌 회화편

STEP2
단어카드로 배우는 서바이벌 구문
단어카드　　여러 가지 방위사
서바이벌구문 9　书在椅子上边儿

STEP3
중국어 기본기 다지기
有多 의문문
第9课 他个子多高　그는 키가 얼마나 크죠
바로 꺼내 쓰는 패턴 중국어(3) 【형 + 一点儿, 好吗】

STEP4
미션체크 연습문제

STEP 2 단어카드로 배우는 서바이벌 구문

🔊 **MP3** 09-2

서바이벌 단어카드 9

书 在 桌子 上边儿
Shū zài zhuōzi shàngbianr

上 (边儿)
shàng(bianr)

위쪽

下 (边儿)
xià(bianr)

아래쪽

前 (边儿)
qián(bianr)

앞쪽

后 (边儿)
hòu(bianr)

뒤쪽

里 (边儿)
lǐ(bianr)

안쪽

外 (边儿)
wài(bianr)

바깥쪽

旁边儿
pángbiānr

옆

对面
duìmiàn

맞은편

DAY 09

서바이벌 기초구문 9

Shū zài zhuōzi shàngbianr.
책은 탁자 위에 있습니다
书在桌子上边儿

위 : 上 = 上边 = 上边儿 = 上面
　　shàng　shàngbian　shàngbianr　shàngmiàn

- **방위사** : 방향과 위치를 나타내는 단어입니다. 명사에 **방위사**를 붙여서 장소화 할 수 있습니다.
- "책상 위"를 다음의 여러 가지로 말해봅시다. (책상 桌子 zhuōzi)
  桌子上　桌子上边　桌子上边儿　桌子上面
- 边 (儿) 은 biān(r) **제1성**으로 읽을 수도 있고 bian(r) **경성**으로 읽을 수도 있습니다.
- 옆 : 旁边(儿) pángbiān(r)은 biānr 을 경성으로 하지 않고 **제1성**으로 읽습니다.
- 맞은편 : 对面 은 bian(r) 을 붙이지 않고 面 miàn 을 붙여서 주로 对面 duìmiàn 이라고 합니다.

[참고]

桌子 탁자 (양사) 张　　椅子 의자 (양사) 把
zhuōzi　　　　　zhāng　　yǐzi　　　　　bǎ

- 다음을 연습해봅시다.
  - 탁자 한 개 : 一张桌子 yìzhāng zhuōzi, 탁자 두 개 : 两张桌子 liǎngzhāng zhuōzi
  - 의자 한 개 : 一把椅子 yìbǎ yǐzi, 의자 두 개 : 两把椅子 liǎngbǎ yǐzi

STEP 2 단어카드로 배우는 서바이벌 구문

 # 미션샘의 강의노트

◎ 방위사는 학생들이 성조를 특히 어려워합니다. 6개를 한 번에 같이 외우는 연습을 해봅시다.

上	下	前	后	里	外
shàng	xià	qián	hòu	lǐ	wài

→ 里 lǐ 는 다른 명사 뒤에 방위사로 붙여 쓸 때 경성으로 읽어도 됩니다.

◎ 왼쪽과 오른쪽 이라는 단어도 함께 봅시다.

zuǒ / yòu	zuǒbianr	yòubianr	zuǒyòu
左 / 右	左边儿	右边儿	左右
좌 / 우	왼쪽	오른쪽	좌우, 정도, 즈음

→ 左右 zuǒyòu 붙여서 수량 뒤에 사용하면 "~즈음, 정도" 라는 뜻입니다.
  (예) 三个左右 sānge zuǒyòu 세 개 정도

◎ "这儿 zhèr 여기, 那儿 nàr 저기"를 붙여서도 장소화 시킬 수 있습니다.

- 我这儿　　wǒ zhèr　　내가 있는 여기
- 你那儿　　nǐ nàr　　당신이 있는 그곳
- 我们这儿　wǒmen zhèr　우리가 있는 여기
- 你们那儿　nǐmen nàr　당신들이 있는 그곳

◎ 다음 그림을 보면서 아래의 문장을 다시 연습해봅시다.

◆ 电脑 컴퓨터 (양사: 台)　电视 텔레비전 (양사: 台)
　 diànnǎo　　　　　　tái　diànshì　　　　　　　tái

- 这里有没有桌子？ Zhèli yǒuméiyǒu zhuōzi　→ 这里有桌子。
  여기에 탁자가 있습니까?

- 这里有几张桌子？ Zhèli yǒu jǐzhāng zhuōzi　→ 这里有一张桌子。
  여기에 탁자 몇 개가 있습니까?

- 客厅里有没有电视？ Kètīngli yǒuméiyǒu diànshì　→ 有一台电视。
  거실에 텔레비전이 있습니까?

- 客厅里有人吗？ Kètīngli yǒu rén ma　→ 没有人。
  거실에 사람이 있습니까?

- 电脑在哪儿？ Diànnǎo zài nǎr　→ 电脑在桌子上边儿。
  컴퓨터가 어디에 있습니까?

- 咖啡在哪儿？ Kāfēi zài nǎr　→ 咖啡在电脑前边。
  커피가 어디에 있습니까?

STEP 2 단어카드로 배우는 서바이벌 구문

미션따라 구문연습
다음 그림을 보고 그 위치를 답해봅시다.

Shū zài nǎr?
➡ 书在哪儿？   ➡ 书在＿＿＿＿＿＿。
책은 어디에 있습니까?

Shū zài

Tā zài zhuōzi
➡ 他在桌子＿＿＿＿＿＿。
그는 책상 ~ 에 있습니다.

Tā gēge zài zhuōzi
➡ 他哥哥在桌子＿＿＿＿＿＿。
그의 형은 책상 ~ 에 있습니다.

해답

1. 书在桌子上边儿。
2. 书在桌子下边儿。
3. 他在桌子前边儿。
4. 他哥哥在桌子后边儿。

➡ _____ 在 哪儿？ zài nǎr ➡ _____ 在 _____
～ 이 (가) 어디에 있습니까?

해답

5. 柜子
   ➔ 柜子在房间里。

6. 床
   ➔ 床在柜子旁边

7. 沙发 shāfā 쇼파
   ➔ 沙发在柜子对面

STEP 3 중국어 기본기 다지기

🔊 **MP3** 09-3

(有) 多 ~ 의문문

> **중국어 기본 어순**
>
>
>
> 술어에 형용사, 동사 뿐 아니라 명사 또는 주어+술어 구조가 술어로 들어올 수도 있다.

➲ **명사 술어 문**이란 : 나이, 시간, 월, 일, 요일, 가격 등을 말할 때 동사 없이 명사만으로 술어가 될 수 있다. 명사가 술어인 문장을 **명사 술어 문**이라 한다.

➲ **주술 술어 문**이란 : 아래 문장 他 年纪 多大 ?를 보자. 他 는 주어, 年纪 多大 는 주어와 술어 구조가 전체 술부로 쓰인 문장형태이다. 이처럼 주술 구조가 술어로 쓰인 구문을 **주술 술어 문**이라고 한다.

A : 这个 怎么样 ?
　　Zhège zěnmeyàng

B : 这个 多少钱 ?
　　Zhège duōshǎoqián

A : 不怎么 贵，
　　Bùzěnme guì,

　　只 是 一百五 !
　　Zhǐ shì yìbǎiwǔ

A : 他 年纪多大 ?。
　　Tā niánjìduōdà

B : 他 二十岁左右 吧!
　　Tā èrshísuì zuǒyòu ba

A : 他 个子多高 ?
　　Tā gèzi duōgāo

B : 大概 一米七 吧!
　　Dàgài yìmǐqī ba

DAY 09

第9课 他个子多高
그는 키가 얼마나 크죠

生词 새 단어

부 사	不怎么	bùzěnme	별로 ~ 않다
	大概	dàgài	대략
	多（么）	duōme	얼마나
명 사	年纪	niánjì	나이
	个子	gèzi	키
의문사	怎么	zěnme	어떻게
	怎么样	zěnmeyàng	어때요
	多（么）	duōme	얼마나
어기조사	吧　　ba	1. 청구 명령 독촉의 어기를 갖는 어기조사 "~ 해라, 하세요"	
		2. 추측 확인의 어기를 갖는 어기조사 "~ 이죠, ~ 일걸요"	

解释 해석

A : 이것은 어때요?
B : 이거 얼마인데요?
A : 별로 안 비싸요.
　　단지 150원 입니다.

A : 그는 나이가 어떻게 되요?
B : 그는 20세 정도 될 걸.
A : 그는 키가 얼마나 크죠?
B : 대략 170 될 걸.

STEP 3 중국어 기본기 다지기

미션샘과 기본기 연습
다음 단어들을 성조와 발음을 주의하여 외워봅시다.

"맛" 味道 wèidao 을 표현하는 형용사

酸 suān	甜 tián	苦 kǔ	辣 là
시다	달다	쓰다	맵다

酸奶 suānnǎi	甜品 tiánpǐn	辛苦了 xīnkǔle	辣椒 làjiāo
요구르트	디저트	수고하셨습니다	고추

아래 뜻과 병음을 보고 한자를 써봅시다.

시다 suān	달다 tián	쓰다 kǔ	맵다 là

너비, 길이, 거리, 무게와 관련한 형용사

宽 kuān	长 cháng	远 yuǎn	重 zhòng
넓다	길다	멀다	무겁다
多宽? duōkuān	多长? duōcháng	多远? duōyuǎn	多重? duōzhòng
(너비) 얼마나 넓어요	(길이) 얼마나 길어요	(거리) 얼마나 멀어요	(무게) 얼마나 무겁습니까

아래 뜻과 병음을 보고 한자를 써봅시다.

넓다 kuān	길다 cháng	멀다 yuǎn	무겁다 zhòng

STEP 3 중국어 기본기 다지기

다음 기초 문장을 읽어보고 아래 주어진 단어를 밑줄에 넣고 연습해봅시다.

Q1 这个味道怎么样？
wèidao

1. 不太好吃。
   Bútài hǎochī

2. 不怎么好吃。
   Bùzěnme hǎochī

3. 有点儿不好吃。
   Yǒudiǎnr bùhǎochī

Q1 이것 맛이 어때요?

1. 그다지 맛있지 않아요.
2. 별로 맛있지 않아요.
3. 약간 맛있지 않아요.

맵다   辣 _____

달다   甜 _____

Q2 这张桌子（有）多高？

1. 大概74公分
   Dàgài qīshisì gōngfēn

2. 74公分左右
   Qīshisì gōngfēn zuǒyòu

3. 大概74公分左右
   Dàgài qīshisì gōngfēn zuǒyòu

❖ 公分 gōngfēn 센티미터

Q2 이 책상은 얼마나 높은가요?

1. 대략 74 cm 입니다.
2. 74 cm 정도입니다.
3. 대략 74 cm 정도입니다.

넓다   宽 _____ / 一米 1m

길다   长 _____ / 一米二 120(cm)

다음 기초 문장을 읽어보고 아래 주어진 단어를 밑줄에 넣고 연습해봅시다.

Q3 妈妈在不在家？

1. 她在家。
   Tā zài jiā

2. 她不在家。
   Tā bú zài jiā

3. 她不在家，在外边。
   Tā bú zài jiā, zài wàibiān

Q3 엄마는 집에 계십니까?

1. 그녀는 집에 계십니다.
2. 그녀는 집에 계시지 않습니다.
3. 그녀는 집에 계시지 않고 밖에 계십니다.

| 거기, 저기 | 那里 _____ |
| 여기 | 这里 _____ |

Q4 我的手机在哪儿？
        shǒujī

1. 在桌子上面。
   Zài zhuōzi shàngmiàn

2. 在房间里。
   Zài fángjiānlǐ

3. 在床旁边。
   Zài chuáng pángbiān

Q4 제 핸드폰이 어디에 있습니까?

1. 책상 위에 있습니다.
2. 방 안에 있습니다.
3. 침대 옆에 있습니다.

아래	下面 _____
화장실	洗手间 _____
옷장	衣柜 _____

STEP 3 중국어 기본기 다지기

🔊 **MP3** 09-4

바로 꺼내 쓰는 패턴 중국어 3

> **현지에서 형용사와 많이 사용되는 一点儿 yìdiǎnr**
>
> ❖ [형용사 + 一点儿 yìdiǎnr 조금] 이 패턴은 부탁하고 청유할 때, "~ 좀 해주세요" 라는 의미로 정말 많이 쓰는 패턴입니다.
> 아래에서는 명령의 어기조사 吧, 그리고 의향, 허락을 구하는 好吗, 可以吗 도 붙여서 연습해봅니다.
>
> ❖ 再见 zàijiàn "다시 봐요" 에서의 再 zài 는 "다시, 더" 라는 뜻이었습니다.
> 더 ~ 좀 해주세요 라는 "再 형용사 一点儿" 패턴도 함께 연습해보겠습니다.
> (再 는 부사이므로 술어 앞에 놓입니다)

★ 청유, 권유, 명령의 어기조사 ～ 吧!   ★ 형용사 一点儿 ，好吗？ / 可以吗？
                                                                                  yìdiǎnr,   hǎoma? / kěyǐma?

1.	좀 빨리요.	快一点儿吧。	Kuài yìdiǎnr ba
	좀 빨리요 가능해요?	快一点儿, 好吗？	Kuài yìdiǎnr, hǎo ma
2.	좀 싸게 해주세요.	便宜一点儿吧。	Piányi yìdiǎnr ba
	좀 싸게 해주세요 좋습니까?	便宜一点儿, 好吗？	Piányi yìdiǎnr, hǎo ma
3.	좀 달게요.	甜一点儿吧。	Tián yìdiǎnr ba
	좀 달게 해주세요 괜찮습니까?	甜一点儿, 可以吗？	Tián yìdiǎnr, kěyǐ ma
4.	좀 크게 해주세요.	大一点儿吧。	Dà yìdiǎnr ba
	에어컨 좀 크게(세게) 해주세요 좋습니까?	空调大一点儿, 好吗？	Kōngtiáo dà yìdiǎnr, hǎo ma
5.	좀 작게 해주세요.	小一点儿吧。	xiǎo yìdiǎnr ba
	에어컨 좀 작게 (약하게) 해주세요 좋습니까?	空调小一点儿, 好吗？	Kōngtiáo xiǎo yìdiǎnr, hǎo ma
6.	좀 많이요.	多一点儿吧。	Duō yìdiǎnr ba
	저에게 주세요 좀 많이요 괜찮습니까?	给我多一点儿, 可以吗？	Gěiwǒ duō yìdiǎr, kěyǐ ma

7.	좀 깨끗이요.	干净一点儿吧。	Gānjìng yìdiǎnr ba
	좀 깨끗이 해주세요 좋습니까?	干净一点儿，好吗？	Gānjìng yìdiǎnr, hǎo ma
8.	좀 뜨겁게요.	热一点儿吧。	Rè yìdiǎnr ba
	이 빵 좀 데워주세요 좋습니까?	这个面包热一点儿，好吗？	Zhège miànbāo rè yìdiǎnr, hǎo ma
9.	좀 천천히요.	慢一点儿吧。	Màn yìdiǎnr ba
	아저씨, 좀 천천히요 괜찮습니까?	师傅，慢一点儿，可以吗？	Shīfu màn yìdiǎnr, kěyǐ ma
10.	더 좀 크게요.	大一点儿吧。	Dà yìdiǎnr ba
	더 좀 크게 해주세요 좋습니까?	再大一点儿，好吗？	Zài dà yìdiǎnr, hǎo ma?
11.	더 좀 데워주세요	再热一点儿吧。	Zài rè yìdiǎnr ba
	더 좀 데워주세요, 괜찮습니까?	再热一点儿，可以吗？	Zài rè yìdiǎnr, kěyǐ ma
12.	더 좀 싸게 해주세요.	再便宜一点儿吧。	Zài piányi yìdiǎnr ba
	더 좀 싸게 해주세요 좋습니까?	再便宜一点儿，好吗？	Zài piányi yìdiǎnr, hǎo ma

STEP 4 미션체크 연습문제

1. 다음 방위사의 병음을 써봅시다.

上	下	前	后
里	外	左	右

2. 다음 질문에 대답해보세요.

① 你年纪多大？   Nǐ niánjì duō dà

② 你生日几月几号？   Nǐ shēngrì jǐ yuè jǐ hào

③ 你个子多高？   Nǐ gèzi duō gāo

④ 你家多远？   Nǐ jiā duō yuǎn

⑤ 你多重？   Nǐ duō zhòng

* 公斤 gōngjīn : 킬로그램

3. 다음은 한자를 보고 성조를 넣고 뜻을 얘기해봅시다.

便宜 pianyi	甜 tian	辣 la	热 re
方便 fangbian	长 chang	大 da	小 xiao

4. 중국어 기본 어순표 를 참고하여 다음 문장을 만들어 봅시다.

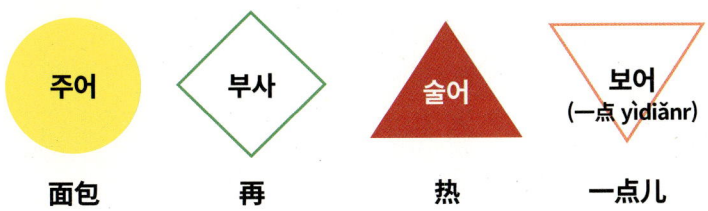

① 빵(面包 miànbāo)은 더 좀 데워주세요.   面包 再 热 一点儿。
② 더 달게 해주세요.   _____
③ 더 맵게 해주세요.   _____
④ 에어컨 (空调 kōngtiáo) 더 작게 해주세요   _____
⑤ 아줌마, 더 싸게 해주세요.   _____
⑥ 소리 (声音 shēngyīn) 좀 더 크게 해주세요.   _____

5. 다음 그림을 보고 질문에 대답하세요.

- 这里有没有桌子？
  Zhèli yǒuméiyǒu zhuōzi

- 这里有几张桌子？
  Zhèli yǒu jǐzhāng zhuōzi

- 客厅里有没有电视？
  Kètīngli yǒuméiyǒu diànshì

- 客厅里有人吗？
  Kètīngli yǒu rén ma

- 电脑在哪儿？
  Diànnǎo zài nǎr

- 咖啡在哪儿？
  Kāfēi zài nǎr

PART 1
서바이벌 발음편

STEP1
발음 마스터과정 10
발음실전노트 4
여러 가지 시간부사 2

DAY 10

PART 2
서바이벌 회화편

STEP2
단어카드로 배우는 서바이벌 구문
단어카드　　　여러 가지 장소
서바이벌구문 10 我在银行取钱

STEP3
중국어 기본기 다지기
是 / 有 구문
第10课 那不是我的　그것은 내것이 아니에요
바로 꺼내 쓰는 패턴 중국어(4) 【~ 还是 … ?】

STEP4
미션체크 연습문제

STEP 2 단어카드로 배우는 서바이벌 구문

🔊 **MP3** 10-2

서바이벌 단어카드 10

> 我 在银行 取钱
> Wǒ zài yínháng qǔqián

前台
qiántái

프론트데스크

餐厅
cāntīng

식당

咖啡厅
kāfēitīng

카페

超市
chāoshì

슈퍼마켓

银行
yínháng

은행

医院
yīyuàn

병원

学校
xuéxiào

학교

公司
gōngsī

회사

DAY 10

서바이벌 기초구문 10

> **Wǒ zài yínháng qǔqián**
> 저는 은행에서 돈을 찾습니다
> **我在银行取钱**

여러가지 개사(=전치사)

~ 에서　在 zài ~

~ 와　跟 gēn ~ (= 和 hé ~)

~ (방향)으로　往 wǎng ~

~ 에게(해주다)　给 gěi ~

● **개사**(介词)란 : 주어와 술어 사이에 개입되는 구(句)를 이끄는 품사로 "전치사" 같은 성분을 **개사**라고 합니다.

● 아래의 기본어순표 와 "개사구(전치사구)" 의 위치를 함께 매치 시켜 봅시다.

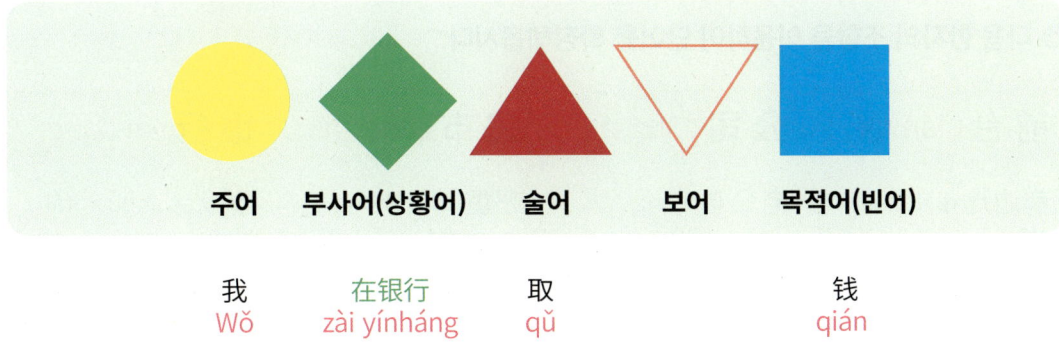

주어	부사어(상황어)	술어	보어	목적어(빈어)
我 Wǒ	在银行 zài yínháng	取 qǔ		钱 qián

● **개사구**(전치사구)는 **부사어**(상황어) 위치에 놓입니다.

STEP 2 단어카드로 배우는 서바이벌 구문

미션샘의 강의노트

◎ 다음 장소를 나타내는 단어들을 봅시다

厅 tīng	店 diàn	院 yuàn	台 tái
餐厅 cāntīng 식당	商店 shāngdiàn 상점	医院 yīyuàn 병원	前台 qiántái 프론트데스크
咖啡厅 kāfēitīng 카페	面包店 miànbāodiàn 빵집	学院 xuéyuàn 단과대학	收银台 shōuyíntái 계산대(카운터)
客厅 kètīng 거실	酒店 jiǔdiàn 호텔		服务台 fúwùtái 서비스데스크

◎ 다음 한자의 조합을 이용하여 단어를 확장해봅시다.

前台 qián tái	公司 gōng sī	超市 chāo shì	银行 yín háng
前边儿 qiánbianr 앞	老公 lǎogōng 남편	超重 chāozhòng 무게초과	收银台 shōuyíntái 계산대
台湾 Táiwān 대만	司机 sījī 기사	北京市 Běijīngshì 베이징시	外行 wàiháng (일에) 문외한이다

◆ 다음 성조의 조합을 연습해봅시다.

(1성과 4성으로 이루어진 단어의 조합은 큰 음폭을 움직여야 하는 성조 조합이기 때문에, 잘못된 성조로 발음하는 경우가 많습니다. 자연스럽게 입에 붙일 수 있을 때까지 주의해서 연습해야 합니다)

◎ 1성 + 4성 성조 조합을 연습해봅시다.

shāngdiàn	yīyuàn	chāoshì
商店	医院	超市
상점	병원	슈퍼마켓

◎ 4성 + 1성 성조 조합을 연습해봅시다.

yìbēi	dàngāo	miànbāo	làjiāo
一杯	蛋糕	面包	辣椒
한 잔	케이크	식빵	고추

◎ 4성 + 1성 + 4성 성조 조합을 연습해봅시다.

dàshāngdiàn	miànbāodiàn	dàgēdà	làjiāojiàng
大商店	面包店	大哥大	辣椒酱
큰 상점	빵집	이동전화 (예전 이동전화의 속칭)	고추장

STEP 2 단어카드로 배우는 서바이벌 구문

미션따라 구문연습

다음 단어를 먼저 연습해보고 그림과 함께 다음 물음에 대답해봅시다.

➡ 在 _____ 做什么？ zài ~ zuò shénme ~에서 무엇을 합니까?

1. 프론트 데스크

- 카드를 만들다 bànkǎ 办卡

2. 식당

- 밥을 먹는다

3. 회사

- 일하다 gōngzuò 工作

4. 슈퍼마켓

- 물건을 사다

해답

1. 在前台办卡。
2. 在餐厅吃饭。
3. 在公司工作。
4. 在超市买东西。

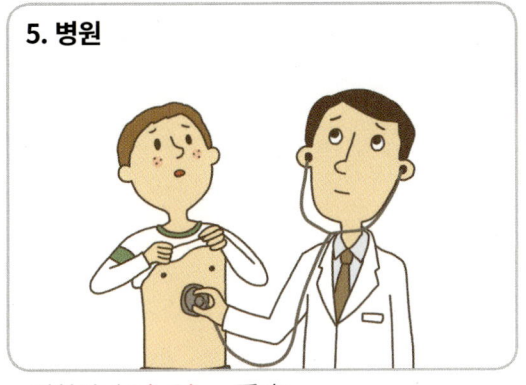

5. 병원

▪ 진찰받다 kànbìng 看病

6. 은행

▪ 돈을 찾다 qǔqián 取钱

➡ **1号楼怎么走？** Yīhàolóu zěnme zǒu? 1동 어떻게 갑니까?

7. 往前

▪ 走 zǒu 걷다 이동하다

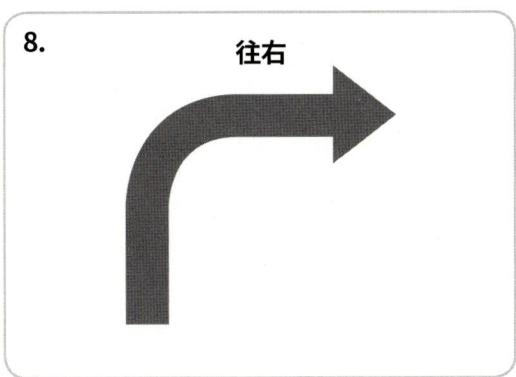

8. 往右

▪ 拐 guǎi (커브)돌다

해답

5. 在医院看病。
6. 在银行取钱。
7. 往前走。
8. 往右拐。

STEP 3 중국어 기본기 다지기

🔊 **MP3** 10-3

是 / 有 구문

➡ 是 의 부정은 "不是", 有 의 부정은 "没有", 在 의 부정은 "不在"

A: 这 是 你的 吗？
   Zhè shì nǐde ma

B: 这 是 我的。
   Zhè shì wǒde

A: 那 也 是 你的 吗？
   Nà yě shì nǐde ma

B: 那 不 是 我的。
   Nà bú shì Wǒde

A: 你 有 没 有 孩子?
   Nǐ yǒuméiyǒu háizi

B: 我 有 孩子。
   Wǒ yǒu háizi

A: 你 有 几 个 孩子?
   Nǐ yǒu jǐge háizi

B: 我 只 有 一个 男孩儿。
   Wǒ zhǐ yǒu yíge nánháir

DAY 10

第10课 那不是我的
그것은 내 것 이 아닙니다

生词 새 단어

부 사	只	zhǐ	단지
명 사	男孩儿	nánháir	남자아이
의문사	几	jǐ	몇

解释 해석

A : 이것은 당신 것입니까?

B : 이것은 내 것입니다.

A : 저것 또한 당신 것입니까?

B : 저것은 내 것이 아닙니다.

A : 당신은 아이가 있습니까?

B : 저는 아이가 있습니다.

A : 당신은 아이가 몇 명 있습니까?

B : 저는 단지 남자아이 한 명 있습니다.

STEP 3 중국어 기본기 다지기

미션샘과 기본기 연습
다음 단어들을 성조와 발음을 주의하여 외워봅시다.

기초 부사 (1)

不 bù 부정부사	没(有) méi(yǒu) 부정부사	也 yě 또한	都 dōu 모두, 다
再 zài 다시	只 zhǐ 단지	还 hái 아직	非常 fēicháng 매우~, 몹시
太 tài 아주, 너무	不太 bútài 그다지~하지 않다	有点儿 yǒudiǎnr 약간, 조금	不怎么 bùzěnme 별로…
真的 zhēnde 정말로	马上 mǎshàng 바로	一起 yìqǐ 함께	大概 dàgài 대략

➲ 太 tài 는 주로 문장 끝에 호응으로 어기조사 了 le 를 동반합니다. 了 는 생략도 가능합니다.

• 太贵了。tài guì le 너무 비쌉니다.   • 太好了。tài hǎo le 너무 좋아요.

아래 뜻과 병음을 보고 한자를 써봅시다.

또한 yě	모두 dōu	단지 zhǐ	아직 hái

대략 dàgài	바로 mǎshàng	함께 yìqǐ	정말로 zhēnde

기초 부사 (2)

早上 zǎoshang 아침	晚上 wǎnshang 저녁	上午 shàngwǔ 오전	下午 xiàwǔ 오후
每天 měitiān 매일	昨天 zuótiān 어제	今天 jīntiān 오늘	明天 míngtiān 내일
最近 zuìjìn 최근에, 요즘에	现在 xiànzài 지금	以前 yǐqián 이전에	以后 yǐhòu 이후에

아래 뜻과 병음을 보고 한자를 써봅시다.

아침 zǎoshang	저녁 wǎnshang	오전 shàngwǔ	오후 xiàwǔ
매일 měitiān	어제 zuótiān	오늘 jīntiān	내일 míngtiān
최근에 zuìjìn	지금 xiànzài	이전에 yǐqián	이후에 yǐhòu

STEP 3 중국어 기본기 다지기

다음 기초 문장을 읽어보고 아래 주어진 단어를 밑줄에 넣고 연습해봅시다.

Q1 你<u>老师</u>是不是他？

1. 不是他。
   Bú shì tā

2. 他是我朋友的老师。
   Tā shì wǒ péngyou de lǎoshī

3. 他不是王老师，是张老师。
   Tā bú shì Wánglǎoshī, shì Zhāng lǎoshī

Q1 당신의 선생님이 그입니까?

1. 그가 아닙니다.
2. 그는 내 친구의 선생님입니다.
3. 그는 왕선생님이 아니고, 장선생님 입니다.

| 학우 | 同学 _____ |
| 기사 | 司机 _____ |

Q2 这位是谁？

1. 这位是我姥姥。
   Zhè wèi shì wǒ lǎolao

2. 这位是我奶奶。
   Zhè wèi shì wǒ nǎinai

3. 那位是我爸爸。
   Nà wèi shì wǒ bàba.

Q2 이 분은 누구에요?

1. 이 분은 제 외할머니 이십니다.
2. 이 분은 제 할머니 이십니다.
3. 저 분은 제 아버지 이십니다.

남편 / 아내	老公 /老婆 lǎogōng / lǎopó
친삼촌	叔叔 _____
이모	阿姨 _____

다음 기초 문장을 읽어보고 아래 주어진 단어를 밑줄에 넣고 연습해봅시다.

Q3 这是不是我的？

1. 这不是我的吗?
   Zhè búshì wǒde ma

2. 什么是我的？
   Shénme shì wǒde

3. 那是不是我的？
   Nà shìbushì wǒde

Q3 이것은 제 것입니까?

1. 이것은 제 것이 아닙니까?
2. 무엇이 제 것입니까?
3. 그것은 제 것입니까 아닙니까?

| 아이스 | 冰的 _____ |
| 뜨거운 것 | 热的 _____ |

Q4 那儿有没有韩国人？

1. 那儿没有韩国人吗？
   Nàr méiyǒu Hánguórén ma

2. 韩国人在不在那儿？
   Hánguórén zàibuzài nàr

3. 什么时候在？
   Shénmeshíhou zài

Q4 거기에 한국사람이 있습니까?

1. 거기에 한국사람 없습니까?
2. 한국사람이 거기에 있습니까 없습니까?
3. 언제 계십니까?

| 제 딸 | 我女儿 _____ |
| 제 아들 | 我儿子 _____ |

STEP 3 중국어 기본기 다지기

🔊 **MP3 10-4**

《여러 가지 부사》와 《好吃 hǎochī》를 함께 연습해봅시다.

	해석	중국어	주어진 단어와 연습
1.	맛없다	不好吃 bùhǎochī	这个 zhège
2.	매우 맛있다	很好吃 hěn hǎochī	这个菜 zhège cài
3.	아주 맛있다	非常好吃 fēicháng hǎochī	这个中国菜 zhège zhōngguócài
4.	너무 맛있다	太好吃了 tài hǎochī le	那个 nàge
5.	가장 맛있다	最好吃 zuì hǎochī	那个 nàge
6.	또한 맛있다	也好吃 yě hǎochī	这个 zhège
7.	모두 맛있다	都好吃 dōu hǎochī	这些 zhèxiē
8.	정말 맛있다	真的好吃 zhēnde hǎochī	这些 zhèxiē
9.	맛없니?	不好吃吗 bùhǎochī ma	这个 zhège
10.	정말 맛없다	真的不好吃 zhēnde bùhǎochī	这个 zhège
11.	좀 맛없다	有点儿不好吃 yǒudiǎnr bùhǎochī	这个菜 zhège cài
12.	그다지 맛있지 않다	不太好吃 bútài hǎochī	那个菜 nàge cài
13.	별로 맛있지 않다	不怎么好吃 bù zěnme hǎochī	那个菜 nàge cài
14.	매우 맛없다	很不好吃 hěn bùhǎochī	这个 zhège
15.	모두 맛없다	都不好吃 dōu bùhǎochī	这些 zhèxiē
16.	모두 맛있진 않다	不都好吃 bùdōu hǎochī	那些 nàxiē

⇒ 연습 문장 해석

1. 이것은 맛없다.
2. 이 요리는 매우 맛있다.
3. 이 중국요리는 아주 맛있다.
4. 그것은 너무 맛있다.
5. 그것이 가장 맛있다.
6. 이것도 맛있다.
7. 이것들은 모두 맛있다.
8. 이것들은 정말 맛있다.
9. 이것은 맛없니?
10. 이것은 정말 맛없다.
11. 이 음식은 약간 맛없다.
12. 그 음식은 그다지 맛있지 않다.
13. 그 음식은 별로 맛없다.
14. 이것은 매우 맛이 없다.
15. 이것들 모두 맛없다.
16. 그것들 모두 맛있지는 않다.

STEP 3 중국어 기본기 다지기

《여러 가지 부사》와 《来 lái》를 함께 연습해봅시다.

	해석	중국어	주어진 단어와 연습
1.	오지 않는다	不来 bù lái	他 tā
2.	아직 안왔다	还没来 hái méi lái	～吗 ma
3.	또한 온다	也来 yě lái	他 tā / 吗 ma
4.	모두 온다	都来 dōu lái	我们 wǒmen
5.	다시 온다	再来 zài lái	明天～吧 míngtiān ~ba
6.	대략 3시에 온다	大概三点来 dàgài sāndiǎn lái	～吧 ba
7.	바로 온다	马上来 mǎshàng lái	～, 可以吗? kěyǐ ma?
8.	함께 온다	一起来 yìqǐ lái	和朋友 hé péngyou
9.	매일 온다	每天来 měitiān lái	～上课 shàngkè
10.	오후에 안 온다	下午不来 xiàwǔ bùlái	～吗? ma
11.	요즘 안 온다	最近不来 zuìjìn bùlái	她 tā
12.	내일 안 온다	明天不来 míngtiān bù lái	吗? ma
13.	어제 안 왔다	昨天没来 zuótiān méilái	～上课 shàngkè
14.	아침에 안 왔다	早上没来 zǎoshang méilái	～吧 ba
15.	3시 이전에 안 왔다	三点以前没来 sāndiǎn yǐqián méilái	妈妈 māma
16.	3시 이후에 옵니까?	三点以后来不来 sāndiǎn yǐhòu láibulái	你 nǐ

⇒ 연습 문장 해석

1. 그는 오지 않습니다.
2. 아직 안 왔습니까?
3. 그도 옵니까?
4. 우리는 모두 온다.
5. 내일 다시 오세요.
6. 대략 3시에 오세요.
7. 바로 오세요, 가능해요?
8. 친구랑 함께 옵니다.
9. 매일 와서 수업합니다.
10. 오후에 안 옵니까?
11. 그녀는 요즘에 안 옵니다.
12. 내일 안 옵니까?
13. 어제 수업하러 오지 않았습니다.
14. 아침에 오지 않았죠!
15. 엄마는 3시 이전에 오시지 않았습니다.
16. 당신은 3시 이후에 옵니까?

STEP 3 중국어 기본기 다지기

🔊 **MP3** 10-5

바로 꺼내 쓰는 패턴 중국어 4

> 실제 현지에서 많이 사용되는 선택의문문 :
>
> ❖ **A 还是 B ?** A 입니까 아니면 B 입니까?
>   háishì

★ A 还是 háishì B 를 연습해봅시다.

1.	아이스요 아니면 뜨거운거요?	冰的还是热的？	Bīngde háishì rède
2.	오늘이요 아니면 내일이요?	今天还是明天？	Jīntiān háishì míngtiān
3.	중간 사이즈 컵이요 아니면 라지 사이즈 컵이요?	中杯还是大杯？	Zhōngbēi háishì dàbēi
4.	돈을 받습니까 아니면 공짜입니까?	收费还是免费？	Shōufèi háishì miǎnfèi
5.	여기서 마셔요 가지고 가세요?	(在)这里喝还是带走？	(Zài) zhèli hē háishì dàizǒu
6.	큰거요 아니면 작은거요?	大的还是小的？	Dàde háishì xiǎode

7.	아이스를 원해요 아니면 뜨거운걸 원해요?	你要冰的还是(要)热的？	Nǐ yào bīngde háishì (yào) rède
8.	오늘 배달합니까 아니면 내일 배달합니까?	今天送还是明天送？	Jīntiān sòng háishì míngtiān sòng
9.	중간 컵을 원해요 아니면 큰 컵을 원해요?	你要中杯还是(要)大杯？	Nǐ yào zhōngbēi háishì (yào) dàbēi
10.	이것은 돈을 받아요 아니면 공짜예요?	这个收费还是免费？	Zhège shōufèi háishì miǎnfèi
11.	당신은 이것을 삽니까 아니면 저것을 삽니까?	你要买这个还是那个？	Nǐ yào mǎi zhège háishì nàge
12.	당신은 큰 것을 삽니까 아니면 작은 것을 삽니까?	你买大的还是小的？	Nǐ mǎi dàde háishì xiǎode

STEP 4 미션체크 연습문제

1. 다음 주어진 시간부사의 병음을 써봅시다.

早上 _____ shang 아침	晚上 _____ shang 저녁	上午 shàng _____ 오전	下午 xià _____ 오후
每天 _____ tiān 매일	昨天 _____ tiān 어제	今天 _____ tiān 오늘	明天 _____ tiān 내일
最近 zuì _____ 최근에, 요즘에	现在 _____ zài 지금	以前 yǐ _____ 이전에	以后 yǐ _____ 이후에

2. 다음을 그림과 함께 연습해보고 문장을 완성해 봅시다.

① 밥 먹다

的时候 ~할 때
以前   이전에
以后   이후에

➲ 밥 먹기 전에 손을 씻으세요.

② 게임 하다

的时候 ~할 때
以前   이전에
以后   이후에

➲ 게임 하기 전에 숙제하세요.

숙제하다 做作业 zuò zuòyè

③ 중국어 공부하다

的时候 ~할 때
以前   이전에
以后   이후에

➲ 중국어 공부할 때
많이 듣고 많이 말하세요.

④ 일하다

的时候 ~할 때
以前   이전에
以后   이후에

➲ 일한 이후에 휴식하세요.

DAY 10

3. 중국어 기본 어순표 를 참고하여 다음 문장을 만들어 봅시다.

① 당신은 여기에서 공부 좀 하세요.　　　你 在这里 学习一下。
② 당신은 집에서 휴식 좀 하세요.　　　　_____
③ 당신은 인터넷에서 (在网上 zài wǎngshàng) 사십시요.　_____
④ 당신은 여기에서 일하세요.　　　　　　_____
⑤ 당신은 프론트 데스크에서 찾아가세요 (取 qǔ 찾다) _____
⑥ 우리 식당에서 식사합시다　　　　　　_____

4. 다음 해석을 보고 선택의문문을 만들어보세요.

① 아빠는 한국에 계세요 아니면 중국에 계세요?
_____

② 당신은 뜨거운 것을 원해요 아니면 차가운 것을 원해요?
_____

③ 중간 컵이요 아니면 큰 컵이요?
_____

④ 유료예요 무료예요?
_____

PART 1
서바이벌 발음편

STEP1
발음 마스터 과정 11
여러 가지 의문사 활용

DAY 11

PART 2
서바이벌 회화편

STEP2
단어카드로 배우는 서바이벌 구문
단어카드　　　여러 가지 전자 및 문구
서바이벌구문 11　手机放在书包里

STEP3
중국어 기본기 다지기
능원 동사 (조동사)
第11课 可不可以放在门口　입구에 놔줄 수 있어요?
바로 꺼내 쓰는 패턴 중국어(5)【可不可以…?】

STEP4
미션체크 연습문제

STEP 2 단어카드로 배우는 서바이벌 구문

🔊 **MP3** 11-2

서바이벌 단어카드 11

手机 放在 书包里
Shǒujī fàng zài shūbāolǐ

电视
diànshì

텔레비전

电脑
diànnǎo

컴퓨터

空调
kōngtiáo

에어컨

手机
shǒujī

핸드폰

冰箱
bīngxiāng

냉장고

洗衣间
xǐyījī

세탁기

书包
shūbāo

책가방

铅笔
qiānbǐ

연필

서바이벌 기초구문 11

Shǒujī fàngzài shūbāoli
핸드폰 가방 안에 두세요
手机放在书包里

放在 fàng zài 장소 ~(장소)에 놓다, 두다

- 실제 활용할 때 [放在+장소]의 패턴에서 "在"를 생략해서 말할 때도 많습니다만 우리는 생략되기 전의 패턴으로 연습해둡시다.

- [放在+장소]의 패턴에서 "放"뒤에 온 "在 장소"는 성분상 술어 뒤에 놓인 보어에 해당합니다. 직역하면 "~ 을 둔 결과 어느 장소에 있다"는 의미입니다.
이 문장의 형태는 통채로 외워두고 실제 생활에서 그대로 사용하도록 합시다.

  - 입구 (门口 ménkǒu) 에 두세요.
    放在门口。 **Fàng zài ménkǒu**
    ➡ 실제 생활에서 "在"를 생략하여 放门口 로도 많이 사용합니다.

  - 문 앞 (门前边儿 ménqiánbianr) 에 두세요.
    放在门前边儿。 **Fàng zài ménqiánbianr**

  - 1층 (一楼 yìlóu) 에 두세요.
    放在一楼。 **Fàng zài yìlóu**

  - 여기에 두세요.
    放在这儿。 **Fàng zài zhèr**

STEP 2 단어카드로 배우는 서바이벌 구문

 미션쌤의 강의노트

◎ 다음 공통으로 들어가는 단어를 참고하여 단어를 확장해봅시다.

◆ 电 diàn

diànshì	diànnǎo	jiādiàn	chōngdiàn
电视	电脑	家电	充电
텔레비전	컴퓨터	가전	충전하다

◆ 包 bāo

shūbāo	qiánbāo	dǎbāo	bāozi
书包	钱包	打包	包子
책가방	지갑	포장하다	찐빵만두

◆ 空 kōng

kōngtiáo	kōngqì	kōngwǎn	kōngbēi
空调	空气	空碗	空杯
에어컨	공기	빈 그릇	빈 잔

◆ 洗·衣·机 xǐ yī jī / 冰·箱 bīng xiāng

xǐshǒu	yīfu	shǒujī	bīngshuǐ
洗手	衣服	手机	冰水
손을 씻다	옷	핸드폰	아이스워터
xǐwǎn	shàngyī	fēijī	bīngměishì
洗碗	上衣	飞机	冰美式
설거지하다	웃도리	비행기	아이스아메리카노
xǐyīfu	nèiyī	jīchǎng	bīngkuàir
洗衣服	内衣	机场	冰块儿
빨래하다	내의	공항	얼음

◎ 다음 문장의 패턴을 연습해보자.

- ~에 두다, 넣다   放在 ~   fàng zài
- ~에 맡기다, 보관하다   存在 ~   cún zài
- ~에 설치하다   安装在 ~   ānzhuāng zài
- ~에 담다   装在 ~   zhuāng zài

STEP 2 단어카드로 배우는 서바이벌 구문

미션따라 구문연습

다음 단어를 먼저 연습해보고 그림과 함께 다음 물음에 대답해봅시다.

➡ _____ fàng zài kètīngli 放在客厅里。 → _____ 는 거실에 두세요.

1.

2.

➡ _____ fàngzài zhuōzi shang 放在桌子上 → _____ 는 탁자 위에 두세요.

3.

4.

해답

1. 电视放在客厅里。
2. 电脑放在客厅里。
3. 手机放在桌子上。
4. 铅笔放在桌子上。

➡ <u>　ānzhuāng zài zhèr.　</u> 安装在这儿。 ➡ <u>　　　　</u> 는 여기에 설치하세요.

5.

6.

➡ <u>Zhè xiē fàng zài</u><u>　li　</u>
这些放在_____里。 ➡ 이것들은 _____ 안에 넣으세요.

7.

8.

> **해답**
>
> 5. 空调安装在这儿。　　　6. 洗衣机安装在这儿。
>
> 7. 这些放在冰箱里。　　　8. 这些放在书包里。

STEP 3 중국어 기본기 다지기

🔊 **MP3** 11-3

능원 동사 (조동사)

➡ 능원 동사란 : 중국어에서 능원 동사라 하면 "조동사"의 개념으로 이해하면 된다. 능원 동사 뒤에는 주로 동사가 따라 온다. 그러나 능원 동사 단독으로도 쓰일 수 있다. 아래의 예문 참고.

능원 동사의 어순은 부사어(상황어) 자리에 놓인다.

A : 可不可以 放 在 门口 ?
   Kěbukěyǐ fàng zài ménkǒu

B : 可以的
   Kěyǐ de

A : 可不可以 存 在 这里 ?
   Kěbukěyǐ cún zài zhèli

B : 不行。
   Bù xíng

A : 他 想不想 学习 汉语 ?
   Tā xiǎngbuxiǎng xuéxí hànyǔ

B : 很 想 。
   Hěn xiǎng

A : 他 想不想 去 北京 ?
   Tā xiǎngbuxiǎng qù Běijīng

B : 很 想 去 北京。
   Hěn xiǎng qù Běijīng

我很想去北京

DAY 11

第11课 可不可以放在门口
입구에 두어도 됩니까

生词 새 단어

능원 동사	可以	kěyǐ	~ 해도 된다, ~ 할 수 있다.
	想	xiǎng	~ 하고 싶다 (= 要 yào)
형 용 사	行	xíng	좋다, 괜찮다, 충분하다

解释 해석

A : 입구에 놔두어도 되나요?

B : 됩니다.

A : 여기에 맡겨도 될까요?

B : 안돼요.

A : 그는 중국어를 공부하고 싶어하나요?

B : 매우 바래요.

A : 그는 북경에 가고 싶어하나요?

B : 북경에 매우 가고 싶어해요.

STEP 3 중국어 기본기 다지기

 ## 미션샘과 기본기 연습
다음 단어들을 성조와 발음을 주의하여 외워봅시다.

기초 동사 + 목적어 (1)

喝 茶 hē chá 차를 마시다	拿来 菜单 nálai càidān 메뉴판을 가지고 오다	买 单 mǎi dān 계산하다	要 新的 yào xīnde 새 것을 원하다
加 汤 jiā tāng 국물을 추가하다	学 汉语 xué hànyǔ 중국어를 공부하다	洗 衣服 xǐ yīfu 빨래하다	送 礼物 sòng lǐwù 선물을 주다
开 车 kāi chē 운전하다	玩 游戏 wán yóuxì 게임하다	点 菜 diǎn cài 음식을 주문하다	认识 朋友 rènshi péngyou 친구를 알다

- 汤 tāng 국
- 礼物 lǐwù 선물

아래 뜻과 병음을 보고 한자를 써봅시다.

차를 마시다 hē chá	메뉴판을 가지고 오다 nálai càidān	계산하다 mǎi dān	새것을 원하다 yào xīnde
국물을 추가하다 jiā tāng	게임하다 wán yóuxì	친구를 알다 rènshi péngyou	선물을 주다 sòng lǐwù

기초 동사 + 목적어 (2)

听 音乐 tīng yīnyuè 음악을 듣다	停 车 tíng chē 차를 세우다	打 电话 dǎ diànhuà 전화를 걸다	看病 kàn bìng 진찰하다
说 英语 shuō yīngyǔ 영어를 말하다	存 包 cún bāo 가방을 맡기다	取 快递 qǔ kuàidì 택배를 찾다	带 手机 dài shǒujī 핸드폰을 가지고 있다
收 费 shōu fèi 비용을 받다	知道 意思 zhīdao yìsi 의미를 알다	写 汉字 xiě hànzì 한자를 쓰다	换 衣服 huàn yīfu 옷을 갈아입다(바꾸다)
帮 我 bāng wǒ 나를 돕다	开始 上课 kāishǐ shàngkè 수업을 시작하다	做 菜 zuò cài 요리를 하다	退 钱 tuì qián 환불하다

- 英语 yīngyǔ 영어   • 快递 kuàidì 택배   • 意思 yìsi 의미   • 汉字 hànzì 한자

아래 뜻과 병음을 보고 한자를 써봅시다.

핸드폰을 가지고 있다 dài shǒujī	비용을 받다 shōu fèi	음악을 듣다 tīng yīnyuè	옷을 갈아입다(바꾸다) huàn yīfu
의미를 알다 zhīdao yìsi	차를 세우다 tíng chē	택배를 찾다 qǔ kuàidì	환불하다 tuì qián

STEP 3 중국어 기본기 다지기

다음 기초 문장을 읽어보고 아래 주어진 단어를 밑줄에 넣고 연습해봅시다.

1. 电视和电脑放在哪儿？
   Diànshì hé diànnǎo fàngzài nǎr

2. 电视和电脑放在客厅里。
   Diànshì hé diànnǎo fàngzài kètīngli

3. 铅笔和橡皮放在哪儿？
   Qiānbǐ hé xiàngpí fàngzài nǎr

4. 都放在书包里吧！
   Dōu fàngzài shūbāolǐ ba

   ❖ 和 hé ~ 와, 그리고
   ❖ 橡皮 xiàngpí 지우개

1. TV와 컴퓨터 어디 둘까요?
2. TV와 컴퓨터 거실에 두세요.
3. 연필과 지우개 어디에 둘까요?
4. 모두 책 가방 안에 두세요

쇼파와 탁자 沙发和桌子 shāfā _____

책과 노트 书和本子 _____

1. 可不可以放在这里？
   Kěbukěyǐ fàngzài zhèli

2. 可不可以装在这里？
   Kěbukěyǐ zhuāngzài zhèli

3. 存在这里, 可以吗？
   Cún zài zhèli, kěyǐma

4. 安装在这里, 可以吗？
   Ānzhuāng zài zhèli, kěyǐma

1. 여기에 두어도 됩니까?
2. 여기에 담아도 됩니까?
3. 여기에 맡겨도 됩니까?
4. 여기에 설치해도 됩니까?

봉투 안 袋子里 _____ dàizi li

가방 안 包里 _____

1. 想不想听音乐？
   Xiǎngbuxiǎng tīng yīnyuè

2. 要不要换衣服？
   Yàobuyào huàn yīfu ?

3. 想不想玩游戏？
   Xiǎngbuxiǎng wán yóuxì

4. 要不要点菜？
   Yàobuyào diǎncài

1. 坐在这里, 行不行？
   Zuò zài zhèli, xíngbuxíng

2. 坐 (在) 那边儿, 行不行？
   Zuò (zài) nà biānr, xíngbuxíng

3. 站在这里, 行不行？
   Zhàn zài zhèli, xíngbuxíng

4. 站 (在) 那边儿, 行不行？
   Zhàn (zài) nà biānr, xíngbuxíng

❖ 坐 zuò 앉다
❖ 站 zhàn 서다

1. 음악 듣고 싶어요?
2. 옷 갈아입으시겠어요?
3. 게임하고 싶어요?
4. 음식 주문하시겠어요?

1. 여기에 앉아도 될까요?
2. 저기에 앉아도 될까요?
3. 여기에 서있어요 될까요?
4. 저기에 서있어도 될까요?

| 진찰하다 | 看病 _____ |
| 커피 마시다 | 喝咖啡 _____ |

| 뒤쪽 | 后边儿 _____ |
| 함께, 같은 곳 | 一起 _____ |

STEP 3 중국어 기본기 다지기

🔊 **MP3 11-4**

《여러 가지 의문사》와 《기초동사》를 함께 연습해봅시다. 밑줄 친 부분을 주어진 단어로 교체하여 연습해봅시다.

	해석	중국어	주어진 단어와 교체 연습
1.	언제 옵니까?	什么时候来? Shénme shíhou lái	吃饭 chīfàn
2.	누구와 옵니까?	跟谁来? Gēn shuí lái	吃饭 chīfàn
3.	어디서(부터) 옵니까?	从哪儿来? Cóng nǎr lái	在~ 吃饭 zài~ chīfàn
4.	어떻게 옵니까?	怎么来? Zěnme lái	吃 chī
5.	왜 옵니까?	为什么来? Wèishénme lái	吃 chī
6.	대략 몇시에 옵니까?	大概几点来? Dàgài jǐdiǎn lái	吃 chī
7.	어째서 안옵니까?	怎么不来? Zěnme bù lái	吃 chī
8.	왜 안옵니까?	为什么不来? Wèishénme bù lái	吃 chī
9.	언제 갑니까?	什么时候去? Shénme shíhou qù	在家 zàijiā
10.	누구랑 갑니까?	跟谁去? Gēn shuí qù	在家 zàijiā
11.	어디(까지) 갑니까?	到哪儿去? Dào nǎr qù	~ + 吃饭 chīfàn
12.	어디 갑니까?	去哪儿? Qù nǎr	~ + 工作 gōngzuò
13.	어떻게 갑니까?	怎么去? Zěnme qù	走 zǒu
14.	왜 갑니까?	为什么去? Wèishénme qù	走 zǒu
15.	무슨 요일 갑니까?	星期几去? Xīngqījǐ qù	走 zǒu
16.	몇시에 갑니까?	几点去? Jǐdiǎn qù	走 zǒu

⇒ 교체 연습 해석

1. 언제 식사하세요?
2. 누구랑 식사하세요?
3. 어디에서 식사하세요?
4. 어떻게 먹어요?
5. 왜 드세요?
6. 대략 몇 시에 드세요?
7. 어째서 안 드세요?
8. 왜 안 드세요?

9. 언제 집에 계세요?
10. 누구와 집에 계세요?
11. 어디 가서 식사하세요?
12. 어디 가서 일하세요?
13. 어떻게 갑니까?
14. 왜 가세요 (떠나세요)?
15. 무슨 요일 가세요 (떠나세요)?
16. 몇 시에 가세요 (떠나세요)?

STEP 3 중국어 기본기 다지기

《여러 가지 의문사》와 《기초동사+목적어》를 함께 연습해봅시다. 밑줄 친 부분을 주어진 단어로 교체하여 연습해봅시다.

	해석	중국어	주어진 단어와 교체 연습
1.	언제 수업합니까?	什么时候上课? Shénmeshíhou shàngkè	取 qǔ
2.	누구와 수업합니까?	跟谁上课? Gēnshuí shàngkè	玩游戏 wán yóuxì
3.	어디에서 수업합니까?	在哪儿上课? Zàinǎr shàngkè	上中文课 shàng zhōngwénkè
4.	누가 당신을 돕습니까?	谁帮你? Shuí bāng nǐ	打电话 dǎ diànhuà
5.	어떻게 당신을 도울까요?	怎么帮你? Zěnme bāng nǐ	说 shuō
6.	무엇을 도와드릴까요?	帮什么? Bāng shénme	要 yào
7.	누구를 도와드리죠?	帮谁? Bāng shuí	叫 jiào
8.	언제 당신을 도와드릴까요?	什么时候帮你? Shénmeshíhou bāng nǐ	可以退钱 kěyǐ tuìqián
9.	언제 찾아요?	什么时候取? Shénmeshíhou qǔ	可以 kěyǐ
10.	누구랑 게임해요?	跟谁玩游戏? Gēnshuí wán yóuxì	什么时候 shénmeshíhou
11.	어디에서 중국어 수업합니까?	在哪儿上中文课? Zàinǎr shàng zhōngwénkè	你 nǐ + ~
12.	누가 전화합니까?	谁打电话? Shuí dǎ diànhuà	给谁 gěi shuí
13.	어떻게 말을 할까요?	怎么说? Zěnme shuō	这个 zhège + ~
14.	무엇을 원하세요?	要什么? Yào shénme	你 nǐ + ~
15.	누구를 부를까요?	叫谁? Jiào shuí	什么名字 shénme míngzi
16.	언제 환불할 수 있죠	什么时候可以退? Shénmeshíhou kěyǐ tuì	在哪儿 zàinǎr

⇒ 교체 연습 해석

1. 언제 찾습니까?
2. 누구와 게임합니까?
3. 어디에서 중국어 수업을 합니까?
4. 누가 전화를 겁니까?
5. 어떻게 말합니까?
6. 무엇을 원합니까?
7. 누구를 부릅니까?
8. 언제 환불 됩니까?
9. 언제가 괜찮죠?
10. 언제 게임 하세요?
11. 당신은 어디에서 중국어 수업을 합니까?
12. 누구에게 전화를 겁니까?
13. 이것은 어떻게 말해요?
14. 당신은 무엇을 원합니까?
15. 이름 뭐라고 합니까?
16. 어디서 환불합니까?

STEP 3 중국어 기본기 다지기

🔊 **MP3** 11-5

바로 꺼내 쓰는 서바이벌 중국어

> **현지에서 많이 사용되는 패턴으로 :**
> - ~ 해도 된다 : 可以 kěyǐ
> - 해도 돼요 안 돼요 : 可不可以 kébukěyǐ ~

★ 可不可以 ~ ? 를 연습해봅시다.

1.	좀 싸게 해줄 수 있어요?	可不可以便宜一点儿？	Kěbukěyǐ piányi yìdiǎnr
2.	좀 깨끗이 해줄 수 있어요?	可不可以干净一点儿？	Kěbukěyǐ gānjìng yìdiǎnr
3.	좀 천천히 해줄 수 있어요?	可不可以慢一点儿？	Kěbukěyǐ màn yìdiǎnr
4.	좀 빨리 해줄 수 있어요?	可不可以快一点儿？	Kěbukěyǐ kuài yìdiǎnr
5.	좀 크게 해줄 수 있어요?	可不可以大一点儿？	Kěbukěyǐ dà yìdiǎnr
6.	좀 작게 해줄 수 있어요?	可不可以小一点儿？	Kěbukěyǐ xiǎo yìdiǎnr

7.	저를 좀 도와 줄 수 있어요?	可不可以帮我一点儿？	Kěbukěyǐ bāng wǒ yìdiǎnr
8.	저에게 빌려 줄 수 있어요?	可不可以借给我？	Kěbukěyǐ jiè gěi wǒ

➡ 借 jiè 빌리다

9.	입구에 놔둘 수 있나요?	可不可以放在门口？	Kěbukěyǐ fàngzài ménkǒu
10.	시작해도 될까요?	可不可以开始？	Kěbukěyǐ kāishǐ
11.	뜨거운 물 좀 더 넣을 수 있을까요?	可不可以加点儿热水？	Kěbukěyǐ jiā diǎnr rèshuǐ

➡ 一点儿 에서 "一"는 생략할 수 있습니다.

12.	얼음을 좀 더 넣을 수 있을까요?	可不可以加点儿冰块儿？	Kěbukěyǐ jiā diǎnr bīngkuàir

STEP 4 미션체크 연습문제

1. 다음 단어에 성조를 써넣어 봅시다.

写 汉字 한자를 쓰다	xie hanzi		看 病 진찰하다	kan bing
取 快递 택배를 찾다	qu kuaidi		带 手机 핸드폰을 가지고 있다	dai shouji
退 钱 환불하다	tui qian		换 衣服 옷을 갈아입다	huan yifu
听 音乐 음악을 듣다	ting yinyue		停 车 차를 세우다	ting che
说 英语 영어를 말하다	shuo yingyu		存 包 가방을 맡기다	cun bao
收 费 비용을 받다	shou fei		玩 游戏 게임하다	wan youxi

2. 다음 단어에 "언제 什么时候 shénmeshíhou"를 넣어서 연습해봅시다.

① _____ 可以来？   언제 오실 수 있습니까?

② _____ 可以开始？ 언제 시작할 수 있어요?

③ _____ 可以来取？ 언제 와서 찾을 수 있어요?

④ _____ 可以去看？ 언제 가서 볼 수 있을까요?

⑤ _____ 可以送？   언제 배달할 수 있죠?

3. 다음은 한자를 보고 병음과 뜻을 써넣어 봅시다.

放	存	装	安装

DAY 11

4. 중국어 기본 어순표 를 참고하여 다음 문장을 만들어 봅시다.

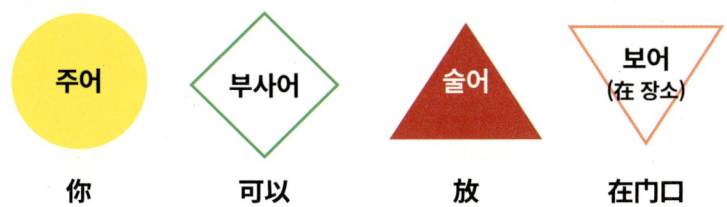

① 당신은 문 앞에 두셔도 됩니다   你 可以 放 在门口。
② 당신은 여기에 맡기셔도 됩니다   _____
③ 당신은 여기에 놔두셔도 됩니다   _____
④ 당신은 여기에 담으셔도 됩니다   _____
⑤ 당신은 여기에 설치해도 됩니다   _____

5. 다음 그림을 보고 말해보고 다음 빈 칸에 적절한 방위사를 넣으세요.

① 沙发在电视 _____ 。   ② 手机在桌子 _____ 。

③ 电脑和咖啡都在桌子 _____ 。   ④ 桌子在客厅的 _____ 。

PART 1
서바이벌 발음편

발음 마스터 과정 12
나의 하루

DAY 12

PART 2
서바이벌 회화편

STEP2
단어카드로 배우는 서바이벌 구문

단어카드 여러 가지 탈 것
서바이벌구문 12 坐飞机去北京

STEP3
중국어 기본기 다지기

연동문
第12课 你帮我收快递, 好吗 당신이 절 도와 택배를 받아주세요
바로 꺼내 쓰는 패턴 중국어(6) 【 동过 / 没동过 】

STEP4
미션체크 연습문제

STEP 2 단어카드로 배우는 서바이벌 구문

🔊 **MP3** 12-2

서바이벌 단어카드 12

坐 飞机 去 北京
Zuò fēijī qù Běijīng

火车
huǒchē

기차

飞机
fēijī

비행기

地铁
dìtiě

지하철

汽车
qìchē

자동차

出租车
chūzūchē

택시

公交车
gōngjiāochē

버스

自行车
zìxíngchē

자전거

专车
zhuānchē

자가용택시(쭈안처)

专车 zhuānchē는 중국에서 개인차량이지만 차량공유서비스에 등록이 되어서 택시처럼 쓸 수 있는 차량에 대한 명칭이다.

DAY 12

서바이벌 기초구문 12

Zuòfēijī qù Běijīng
비행기타고 북경에 간다
坐飞机去北京

坐飞机 + 去北京   비행기를 타다 + 북경에 가다
zuòfēijī   qù Běijīng

- [동사1구문 + 동사2구문]이런 형식의 문장을 **연동문**이라고 한다.
  앞에 "동사1구문"은 주로 **수단이나 목적**을 나타낸다.

- 의문사 **怎么 zěnme** : 어떻게

  - 어떻게 옵니까   怎么来?   Zěnme lái
  - 어떻게 갑니까   怎么去?   Zěnme qù
  - 어떻게 삽니까   怎么买?   Zěnme mǎi

(보충) "어떻게" 강조하기 위한 （是）～ 的 강조구문의 형태로 연습해봅시다.

  - 你（是）怎么来的?   당신은 어떻게 왔습니까
  - 你（是）怎么去的?   당신은 어떻게 간 것 입니까
  - 你（是）怎么买的?   당신은 어떻게 샀습니까

★참고 부록3 : <동요2> 배우고 노래해봅시다.

STEP 2 단어카드로 배우는 서바이벌 구문

미션샘의 강의노트

zuòchē	qíchē	kāichē	dǎdī
坐车	骑车	开车	打的
차를 타다	자전거를 타다	차를 운전하다	택시를 잡다(타다)

- "탈 것을 타다"는 동사 坐 zuò 를 씁니다. 그러나 "자전거를 타다" 할 때는 "기마 骑马 qímǎ : 말을 타다" 할 때 쓰는 동사 骑 qí 를 씁니다.
- "운전하다" 동사는 "开 kāi"입니다.
- "택시를 타다"는 坐出租车 zuò chūzūchē , 그밖에 打的 dǎdī 라고도 합니다. 여기서 的 dī는 的士 dīshì (주로 홍콩에서 사용) "택시"의 줄임말입니다.

◎ 앞의 제6강에서 배웠던 "叫 jiào : ~ 라 부르다, ~ 를 부르다"로 아래 단어를 연습해봅시다.

jiàochē	jiàochūzūchē	jiàokuàichē	jiàozhuānchē
叫车	叫出租车	叫快车	叫专车
차를 부르다	택시를 부르다	콰이처를 부르다	쭈안처를 부르다

- 快车 kuàichē / 专车 zhuānchē 는 중국에서 **개인차량이지만 차량공유서비스에 등록이 되어서 택시처럼 쓸 수 있는 차량**에 대한 명칭입니다. 专车 zhuānchē가 快车 kuàichē보다 품질 서비스가 좀 더 좋고 비쌉니다.

◎ 복모음 ou / 결합모음 u + o 는 반드시 구별해서 연습해야 합니다.

后 / 火	都 / 多	够 / 过	走 / 左
hòu 后 후, 뒤	dōu 都 모두	gòu 够 충분하다	zǒu 走 걷다
huǒ 火 불	duō 多 많다	guò 过 건너다	zuǒ 左 왼쪽

◎ 다음 연동문 형식의 문장을 읽어 봅시다.

- ■ 我 带 孩子 去 医院。
  Wǒ dài háizi qù yīyuàn
  나는 아이를 데리고 병원에 갑니다.

- ■ 我 带 孩子 去 医院 看病。
  Wǒ dài háizi qù yīyuàn kànbìng
  나는 아이를 데리고 병원에 진찰받으러 갑니다.

- 你 怎么 去 那个地方？
  Nǐ zěnme qù nàgedìfang
  당신은 어떻게 그 곳에 갑니까?

- ■ 我们 打的 去 吧！ 怎么样？
  Wǒmen dǎdī qù ba Zěnmeyàng
  우리 택시 타고 갑시다! 어때요?

- 他 每天 怎么 去 学校？
  Tā měitiān zěnme qù xuéxiào
  그는 매일 어떻게 학교에 갑니까?

- ■ 他 每天 都 骑车 去 学校。
  Tā měitiān dōu qí chē qù xuéxiào
  그는 매일 자전거 타고 학교에 갑니다.

STEP 2 단어카드로 배우는 서바이벌 구문

미션따라 구문연습
다음 단어를 먼저 연습해보고 그림과 함께 다음 물음에 대답해봅시다.

➡ 다음 단어를 坐 ~ 去 또는 骑 ~ 去 형태로 연습해봅시다
         zuò   qù   qí   qù

1.

2.

3.

4.

해답
1. 坐火车去。
2. 坐飞机去。
3. 坐地铁去。
4. 坐汽车去。

5. 	6. 
7. 	8. 

> **해답**
>
> 5. 坐出租车去。　　6. 坐公交车去。
>
> 7. 骑自行车去。　　8. 坐专车去。

STEP 3 중국어 기본기 다지기

🔊 **MP3** 12-3

연동문

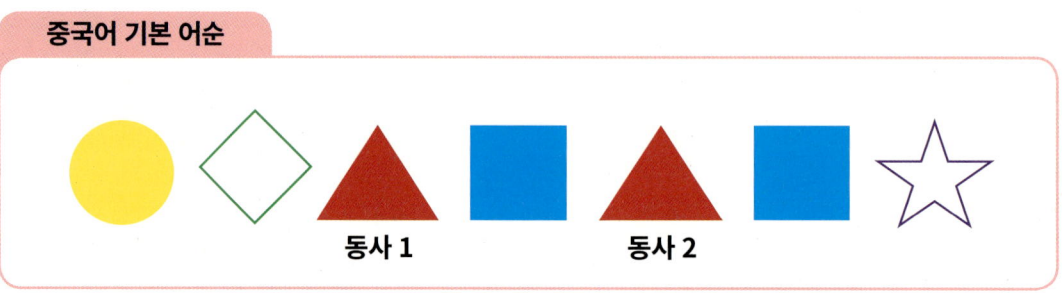

중국어 기본 어순

동사 1   동사 2

➡ **연동문**이란 : 하나의 주어에 두 개 혹은 두 개 이상의 동사술어가 구성하는 구문을 말한다.

A : 你 可以 帮 我 吗？
　　Nǐ kěyǐ bāng wǒ ma

B : 可以的
　　Kěyǐ de

A : 你 帮 我 收 快递, 好吗？
　　Nǐ bāng wǒ shōu kuàidì, hǎo ma

B : 没(有) 问题。
　　Méi　wèntí

A : 你 明天 可以 帮 我朋友 吗?
　　Nǐ míngtiān kěyǐ bāng wǒ péngyou ma

B : 没 问题。
　　Méi wèntí

A : 你 帮 她 充 卡, 可以吗？
　　Nǐ bāng tā chōng kǎ, kěyǐ ma?

B : 好 的。
　　Hǎo de

你帮我收快递, 好吗？

快递 kuàidì

DAY 12

第12课 你帮我收快递，好吗
당신은 나를 도와 택배를 받아주시겠어요

生词 새 단어

동 사	充	chōng	가득채우다, 충전하다
명 사	快递	kuàidì	택배
	卡	kǎ	카드
	问题	wèntí	문제

解释 해석

A : 당신은 나를 도울 수 있습니까?

B : 그럼요.

A : 당신 저를 도와 택배를 받아주세요, 괜찮아요?

B : 문제 없습니다.

A : 당신 내일 제 친구를 도울 수 있나요?

B : 그럼요.

A : 당신은 그녀를 도와서 카드 충전 좀 해주세요.

B : 좋아요.

STEP 3 중국어 기본기 다지기

미션샘과 기본기 연습
다음 단어들을 성조와 발음을 주의하여 외워봅시다.

움직이는 방향의 동사 + 来 / 去

上来 shànglai 올라오다	下来 xiàlai 내려오다	进来 jìnlai 들어오다	出来 chūlai 나오다
上去 shàngqù 올라가다	下去 xiàqù 내려가다	进去 jìnqù 들어가다	出去 chūqù 나가다
回来 huílai 돌아오다	过来 guòlai 건너오다	起来 qǐlái 일어나다	
回去 huíqù 돌아가다	过去 guòqù 건너가다		

➲ 방향 동사 뒤에 来 lái 가 붙을 때 대개 성조를 경성으로 읽어준다.

아래 뜻과 병음을 보고 한자를 써봅시다.

올라오다 shànglai	돌아가다 huíqù	나오다 chūlai	들어오다 jìnlai
내려가다 xiàqù	일어나다 qǐlái	들어가다 jìnqù	내려오다 xiàlai

수사 + 양사 + 명사

一杯美式 yì bēi měishì 아메리카노 한 잔	一听雪碧 yì tīng xuěbì 스프라이트 한 캔	一家商店 yì jiā shāngdiàn 상점 한 집	一双筷子 yì shuāng kuàizi 젓가락 한 쌍
两张桌子 liǎng zhāng zhuōzi 책상 두 개	两瓶啤酒 liǎng píng píjiǔ 맥주 두 병	两条鱼 liǎng tiáo yú 물고기 두 마리	两台电视 liǎng tái diànshì 텔레비전 두 대
两本书 liǎng běn shū 책 두 권	两碗米饭 liǎng wǎn mǐfàn 밥 두 공기	两把椅子 liǎng bǎ yǐzi 의자 두 개	两份套餐 liǎng fèn tàocān 세트메뉴 이 인분
一件衣服 yí jiàn yīfu 옷 한 벌	一块蛋糕 yí kuài dàngāo 케잌 한 조각	一个东西 yí ge dōngxi 물건 한 개	一位老师 yí wèi lǎoshī 선생님 한 분

- 条 tiáo (양사) 긴 것을 셀 때 양사
- 份 fèn (양사) 인분
- 鱼 yú 물고기
- 套餐 tàocān 세트메뉴

아래 뜻과 병음을 보고 한자를 써봅시다.

한 잔 yì bēi	두 병 liǎng píng	이 인분 liǎng fèn	한 분 yí wèi
두 권 liǎng běn	두 대 (기계) liǎng tái	한 조각 yí kuài	한 쌍 yì shuāng

SURVIVAL 왕초보편 제12강

STEP 3 중국어 기본기 다지기

다음 기초 문장을 읽어보고 아래 주어진 단어를 밑줄에 넣고 연습해봅시다.

1. 你去哪儿<u>吃饭</u>？
   Nǐ qù nǎr chīfàn

2. 我去<u>餐厅吃饭</u>。
   Wǒ qù cāntīng chīfàn

3. 你和谁去<u>餐厅</u>？
   Nǐ hé shuí qù cāntīng

4. 我<u>和同学一起去餐厅吃饭</u>。
   Wǒ hé tóngxué yìqǐ qù cāntīng chīfàn

1. 你们都去哪儿？
   Nǐmen dōu qù nǎr ?

2. 我们都去咖啡厅。
   Wǒmen dōu qù kāfēitīng.

3. 去咖啡厅干什么？
   Qù kāfēitīng gàn shénme?

4. 我们去那儿喝咖啡，还聊天儿。
   Wǒmen qù nàr hē kāfēi, hái liáotiānr

❖ 干什么 gàn shénme 뭘 하세요

1. 당신은 어디에 가서 밥을 먹나요?
2. 저는 식당에 가서 밥을 먹습니다.
3. 당신은 누구와 식당에 가나요?
4. 저는 학교친구와 함께 식당에 가서 식사합니다.

1. 당신들은 모두 어디에 가나요?
2. 우리들은 모두 커피숍에 가요.
3. 커피숍에 가서 뭐 해요?
4. 우리들은 거기 가서 커피도 마시고, 이야기도 나누어요.

일하다	工作 _____
회사	公司 _____
한 사람, 혼자	一个人 _____

향산	香山 ___xiāngshān___
둘러보다 /	看一看 _____ /
사진 찍다	拍照 ___pāizhào___

1. 你去哪儿？
   Nǐ qù nǎr

2. 我去医院。
   Wǒ qù yīyuàn

3. 我带孩子去医院。
   Wǒ dài háizi qù yīyuàn

4. 我带孩子去医院看病。
   Wǒ dài háizi qù yīyuàn kànbìng

1. 他去学校干什么？
   Tā qù xuéxiào gàn shénme

2. 他去学校学汉语。
   Tā qù xuéxiào xué hànyǔ

3. 你回家干什么？
   Nǐ huíjiā gàn shénme

4. 我要回家准备晚饭。
   Wǒ yào huíjiā zhǔnbèi wǎnfàn

❖ 准备 zhǔnbèi 준비하다

1. 당신은 어디에 가나요?

2. 저는 병원에 갑니다.

3. 저는 아이를 데리고 병원에 갑니다.

4. 저는 아이를 데리고 병원에 진찰 받으러 갑니다.

1. 그는 학교에 뭐 하러 갑니까?

2. 그는 학교에 중국어 공부하러 갑니다.

3. 당신은 집에 가서 뭐하세요?

4. 저는 집에 가서 저녁을 준비하려고 합니다.

공원	公园 gōngyuán
좀 놀다	玩一玩

수업하다	上课
숙제하다	做作业 zuòzuòyè

STEP 3　중국어 기본기 다지기

🔊 **MP3 12-4**

"동사+방향동사"를 연습해보고 밑줄 친 부분을 주어진 단어로 교체하여 연습해봅시다.

	해석	중국어	단어로 교체 연습
1.	운전해서 들어오다	<u>开</u>来 kāilai	走 zǒu 걷다
2.	운전해서 들어오다	<u>开</u>进来 kāijìnlai	走 zǒu
3.	운전해서 진입하다	<u>开</u>进 kāijìn	跑 pǎo 뛰다
4.	운전해서 진입하다	<u>开</u>进去 kāijìnqù	跑 pǎo
5.	가지고(데리고) 오다	<u>带</u>来 dàilai	搬 bān 운반하다
6.	가지고(데리고) 진입하다	<u>带</u>进 dàijìn	搬 bān
7.	가지고 들어오다	<u>带</u>进来 dàijìnlai	搬 bān
8.	가지고 들어가다	<u>带</u>进去 dàijìnqù	搬 bān
9.	밀다	推 tuī	拉 lā 당기다
10.	밀고 들어가다	推<u>进</u> tuījìn	下 xià 내리다
11.	밀고 들어오다	推<u>进来</u> tuī jìnlai	下来 xiàlai 내려오다
12.	밀고 들어가다	推<u>进去</u> tuījìnqù	下去 xiàqù 내려가다
13.	가지고 오다	<u>拿</u>来 nálai	上 shàng 오르다
14.	가지고 진입하다	<u>拿</u>进 nájìn	下 xià 내리다
15.	가지고 들어오다	<u>拿</u>进来 nájìnlai	上来 shànglai 올라오다
16.	가지고 가다	<u>拿</u>去 náqù	下去 xiàqù 내려가다

⇒ 교체 연습 해석

1. 걸어오다. _____
2. 걸어 들어오다. _____
3. 뛰어 들어오다. _____
4. 뛰어 들어가다. _____
5. 운반해오다. _____
6. 운반해 진입하다. _____
7. 운반해 들어오다. _____
8. 운반해 들어가다. _____
9. 당기다. _____
10. 밀고 내려오다. _____
11. 밀고 내려오다. _____
12. 밀고 내려가다. _____
13. 들고 오르다. _____
14. 들고 내리다. _____
15. 들고 올라오다. _____
16. 들고 내려가다. _____

STEP 3 중국어 기본기 다지기

다음 양사를 문장과 함께 연습해보고, 밑줄 친 부분을 주어진 단어로 교체하여 연습해봅시다.

	해석	중국어	교체 연습
1.	한 장 들고 오세요	拿来一张 nálai yìzhāng	一听 yìtīng 한 캔
2.	종이 한 장 들고 오세요	拿来一张纸 nálai yìzhāng zhǐ	一听雪碧 yìtīng xuěbì 스프라이트 한 캔
3.	한 권 들고 오세요	拿来一本 nálai yìběn	一杯 yìbēi 한 잔
4.	책 한 권 들고 오세요	拿来一本书 nálai yìběn shū	一杯冰水 yìbēi bīngshuǐ 찬물 한 잔
5.	한 벌 가지고 오세요	带来一件 dàilai yíjiàn	一个 yíge 한 개
6.	옷 한 벌 가지고 오세요	带来一件衣服 dàilai yíjiàn yīfu	一个本子 yíge běnzi 노트 한 개
7.	한 명 데리고 오세요	带来一个 dàilai yíge	一位 yíwèi 한 분
8.	친구 한 명 데리고 오세요	带来一个朋友 dàilai yíge péngyou	一位大人 yíwèi dàrén 어른 한 분
9.	한 쌍 가지고 오세요	拿来一双 nálai yìshuāng	一份 yífèn
10.	젓가락 한 쌍 가지고 오세요	拿来一双筷子 nálai yìshuāng kuàizi	一份套餐 yífèn tàocān
11.	한 그릇 가지고 오세요	拿来一碗 nálai yìwǎn	一瓶 yìpíng
12.	밥 한 그릇 가지고 오세요	拿来一碗米饭 nálai yìwǎn mǐfàn	一瓶啤酒 yìpíng píjiǔ
13.	하나 옮겨 오세요	搬来一张 bānlai yìzhāng	一把 yìbǎ 손으로 잡을 수 있거나 손잡이가 있는 물건에 쓰는 양사
14.	책상 하나 옮겨 오세요	搬来一张桌子 bānlai yìzhāng zhuōzi	一把椅子 yìbǎ yǐzi
15.	한 대 옮겨 오세요	搬来一台 bānlai yìtái	一张 yìzhāng
16.	텔레비전 한 대 옮겨 오세요	搬来一台电视 bānlai yìtái diànshì	一张床 yìzhāng chuáng 침대 하나

⇒ 교체 연습 해석

1. 한 캔 갖다 주세요.

2. 스프라이트 한 캔 갖다 주세요.

3. 한 잔 갖다 주세요.

4. 찬물 한 잔 갖다 주세요.

5. 한 개 가지고 오세요.

6. 노트 한 개 갖고 오세요.

7. 한 분 모시고 오세요.

8. 어른 한 분 모시고 오세요.

9. 일 인분 갖다주세요.

10. 세트 음식 일 인분 주세요.

11. 한 병 갖다 주세요.

12. 맥주 한 병 갖다 주세요.

13. 하나 옮겨오세요.

14. 의자 하나 옮겨 오세요.

15. 하나 옮겨 오세요.

16. 침대 하나 옮겨 오세요.

STEP 3 중국어 기본기 다지기

🔊 **MP3** 12-5

바로 꺼내 쓰는 서바이벌 중국어

> **실제 현지에서 많이 쓰는 "过 guo":**
> ① 过 guò (동사) 4성으로 읽고 "건너다"라는 뜻으로 쓰인다.
> ② 过 guo (조사) 동사 뒤에 조사로 쓰일 때는 경성으로 읽고 "~ 한 적 있다"라는 뜻으로 쓰인다.
>
> ❖ "~ 한 적이 없다" 부정은 没(有) 동 过 로 표현한다.

★ 여기서는 조사로 쓰인 형태 <~ 한 적 있다. 없다>를 연습해봅시다.
　[동 + 过 guo] [没 동 + 过 guo]

1. 먹어본 적 있습니다.　　　광동요리를 먹어본 적 있습니다.
   吃过。chī guo　→　吃过广东菜。chī guo Guǎngdōngcài

2. 온 적 있습니다.　　　여기에 온 적 있습니다.
   来过。lái guo　→　来过这里。lái guo zhèli

3. 간 적 있습니다.　　　북경에 간 적 있습니다.
   去过。qù guo　→　去过北京。qù guo Běijīng

4. 배운 적 있습니다.　　　일어를 배운 적 있습니다.
   学过。xué guo　→　学过日语。xué guo rìyǔ

5. 탄 적 있습니다.　　　지하철을 탄 적 있습니다.
   坐过。zuò guo　→　坐过地铁。zuò guo dìtiě

6. 만든 적 있습니다.　　　중국요리를 만든 적 있습니다.
   做过。zuò guo　→　做过中国菜。zuò guo zhōngguócài

	광동요리를 먹어 본 적 있습니까? **吃过广东菜吗？** Chī guo Guǎngdōngcài ma	→	먹어 본 적 없습니다. **没吃过。** Méi chī guo
7.			
8.	이전에 여기에 와 본 적 있습니까? **以前来过这里吗？** Yǐqián lái guo zhèli ma	→	이전에 와본 적 없습니다. **以前没来过。** Yǐqián méi lái guo
9.	북경에 가본 적 있습니까? **去过北京吗？** Qù guo Běijīng ma	→	가본 적 없습니다. **没去过。** Méi qù guo
10.	일어를 배운 적 있습니까? **学过日语吗？** Xué guo rìyǔ ma	→	배운 적 없습니다. **没学过。** Méi xué guo
11.	중국에서 지하철을 탄 적 있습니까? **在中国坐过地铁吗？** Zài Zhōngguó zuò guo dìtiě ma	→	중국에서 지하철을 탄 적 없습니다. **在中国没坐过地铁。** Zài Zhōngguó méi zuò guo dìtiě
12.	중국 요리를 만든 적 있습니까? **做过中国菜吗？** Zuò guo Zhōngguócài ma	→	중국요리를 만든 적 없습니다. **没做过中国菜。** Méi zuò guo Zhōngguócài

STEP 4 미션체크 연습문제

1. 다음 단어에 성조를 써넣고 밑줄에 뜻을 넣어 봅시다.

自行车 zixingche
_____

地铁 ditie
_____

出租车 chuzuche
_____

专车 zhuanche
_____

公交车 gongjiaoche
_____

飞机 feiji
_____

2. 다음 오른쪽 명사들과 왼쪽의 양사를 짝지어 줄을 그어봅시다.

张 •   • 桌子   条 •   • 商店
双 •   • 雪碧   块 •   • 鱼
件 •   • 筷子   家 •   • 椅子
听 •   • 衣服   把 •   • 蛋糕

3. 다음 방향 동사를 읽어 보고 방향 동사 앞에 동사를 붙여서 활용하여 연습해봅시다.

进来 jìnlai	上来 shànglai	下来 xiàlai	回来 huílai

① 拿 ná _____ _____ _____ _____

② 开 kāi _____ _____ _____ _____

进去 jìnqù	上去 shàngqù	下去 xiàqù	回去 huíqù

③ 走 zǒu _____ _____ _____ _____

④ 跑 pǎo _____ _____ _____ _____

DAY 12

4. 중국어 기본 어순표 를 참고하여 다음 문장을 만들어 봅시다.

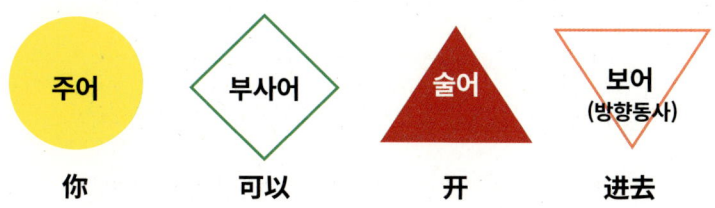

① 당신은 운전해서 들어 가셔도 됩니다. 你 可以 开 进去。
② 당신은 들고 들어오셔도 됩니다. _____
③ 당신은 뛰어 들어가면 안됩니다. _____
④ 당신은 걸어 올라 오셔도 됩니다. _____

5. 다음 단어에 병음을 달고 "过 guo : ~ 한 적 있다",
"没~过 méi ~ guo : ~ 한 적 없다" 패턴과 함께 연습해봅시다.

① 吃 _____ 먹은 적 있다 / 먹은 적 없다 _____

② 来 _____ 온 적 있다 / 온 적 없다 _____

③ 学 _____ 배운 적 있다 / 배운 적 없다 _____

④ 去 _____ 간 적 있다 / 간 적 없다 _____

⑤ 看 _____ 본 적 있다 / 본 적 없다 _____

6. 다음 단어에 병음을 쓰고 그 의미를 생각해봅시다.

下车	骑车	开车	坐车	上车	下车

MISSION SURVIVAL CHINESE
BAGIC WORD

부록1
한자 필획표

부록2
서바이벌 왕초보편 300단어 총정리

부록3
중국동요 1, 2

부록 1 | 한자 필획

🔁 한자는 다음의 필획들로 구성된다. [한자쓰기]에 앞서 가장 기초가 되는 [필획쓰기]를 먼저 연습해보자.

쓰기의 기본 원칙은 <1. 위에서 아래로 2. 왼쪽에서 오른쪽으로> 이 원칙을 가지고 다음 필획을 연습해보자.

한자필획	필획 연습하기	예시글자
一		土 日
丨		中 门
丿		人 禾
丶		入 木
㇏		下 头
㇇		口 片
㇆		皮
㇄		山 牙
㇉		长 瓜
㇌		四 西

한자필획	필획 연습하기	예시글자
亅		小 水
丿		了
丶		心
ノ		云 东
フ		又 鱼
フ		也 力
L		儿 巴
ㄟ		九 几
ㄟ		飞
丆		马 鸟

부록 2 | 서바이벌 왕초보편 300단어 총정리

서바이벌 단어카드 1 ~ 12

✓ 인사말 & 상용어

한국어	중국어	병음
☐☐ 안녕하세요	你好吗	nǐ hǎo ma
☐☐ 굿모닝	早上好	zǎoshang hǎo
☐☐ 감사합니다	谢谢	xièxie
☐☐ 천만에요	不客气	búkèqi
☐☐ 죄송합니다	不好意思	bùhǎoyìsi
☐☐ 상관없어요	没关系	méiguānxi
☐☐ 다시 봐요	再见	zàijiàn
☐☐ 환영합니다	欢迎欢迎	huānyíng huānyíng
☐☐ 축하합니다	恭喜恭喜	gōngxǐ gōngxǐ
☐☐ 말씀 좀 물을께요	请问一下	qǐng wèn yíxià
☐☐ 기다리세요	请等一下	qǐng děng yíxià

✓ 식당에서

한국어	중국어	병음
☐☐ 포크	叉子	chāzi
☐☐ 접시	盘子	pánzi
☐☐ 그릇	碗	wǎn
☐☐ 가위	剪子	jiǎnzi
☐☐ 찬물	冰水	bīngshuǐ
☐☐ 숟가락	勺子	sháozi
☐☐ 밥	米饭	mǐfàn
☐☐ 젓가락	筷子	kuàizi

DOUBLE CHECK 두 번 체크!

✓ 가족 구성원

☐☐ 할아버지 / 할머니	爷爷 / 奶奶	yéye / nǎinai
☐☐ 외할아버지 / 외할머니	老爷 / 姥姥	lǎoyé / lǎolao
☐☐ 아빠 / 엄마	爸爸 / 妈妈	bàba / māma
☐☐ 삼촌,아저씨 / 이모,아줌마	叔叔 / 阿姨	shūshu / āyí
☐☐ 형 / 남동생	哥哥 / 弟弟	gēge / dìdi
☐☐ 누나,언니 / 여동생	姐姐 / 妹妹	jiějie / mèimei
☐☐ 아이 / 아기(호칭)	孩子 / 宝宝	háizi / bǎobao
☐☐ 아들 / 딸	儿子 / 女儿	érzi / nǚér

✓ 여러 가지 양사

☐☐ 아메리카노 한 잔	一杯美式	yì bēi měishì
☐☐ 콜라 한 캔	一听可乐	yì tīng kělè
☐☐ 오렌지주스 한 병	一瓶橙汁	yì píng chéngzhī
☐☐ 케익 한 조각	一块蛋糕	yí kuài dàngāo
☐☐ 밥 한 그릇	一碗米饭	yì wǎn mǐfàn
☐☐ 책 한 권	一本书	yì běn shū
☐☐ 노트 한 권	一个本子	yí ge běnzi
☐☐ 옷 한 벌	一件衣服	yí jiàn yīfu

✓ 여러 가지 양사

☐☐ 사과	苹果	píngguǒ
☐☐ 귤	橘子	júzi
☐☐ 바나나	香蕉	xiāngjiāo
☐☐ 딸기	草莓	cǎoméi
☐☐ 수박	西瓜	xīguā
☐☐ 대파	大葱	dàcōng
☐☐ 양파	洋葱	yángcōng
☐☐ 토마토	西红柿	xīhóngshì

부록 2 | 서바이벌 왕초보편 300단어 총정리

✓ 직업 및 호칭 여러 가지 양사

☐☐ 선생님	老师	lǎoshī
☐☐ 학생	学生	xuésheng
☐☐ 경비	保安	bǎo'ān
☐☐ 종업원	服务员	fúwùyuán
☐☐ 사장	老板	lǎobǎn
☐☐ 아가씨	小姐	xiǎojiě
☐☐ (수리)기사	工人	gōngrén
☐☐ 아저씨	师傅	shīfu
☐☐ 운전기사	司机	sījī
☐☐ 아저씨(존칭)	先生	xiānsheng
☐☐ 학생을 부를 때	同学	tóngxué
☐☐ 남편 / 아내	老公 / 老婆	lǎogōng / lǎopó

✓ 여러 국가 및 도시

☐☐ 한국	韩国	Hánguó
☐☐ 중국	中国	Zhōngguó
☐☐ 미국	美国	Měiguó
☐☐ 일본	日本	Rìběn
☐☐ 베이징	北京	Běijīng
☐☐ 상하이	上海	Shànghǎi
☐☐ 광저우	广州	Guǎngzhōu
☐☐ 홍콩	香港	Xiānggǎng
☐☐ 캐나다	加拿大	Jiānádà
☐☐ 영국	英国	Yīngguó
☐☐ 프랑스	法国	Fǎguó
☐☐ 독일	德国	Déguó

DOUBLE CHECK 두 번 체크!

✓ 가구 및 공간 명칭

☐☐ 탁자	桌子	zhuōzi
☐☐ 의자	椅子	yǐzi
☐☐ 침대	床	chuáng
☐☐ 장	柜子	guìzi
☐☐ 옷장	衣柜	yīguì
☐☐ 방	房间	fángjiān
☐☐ 쇼파	沙发	shāfā
☐☐ 거실	客厅	kètīng
☐☐ 주방	厨房	chúfáng
☐☐ 화장실	洗手间	xǐshǒujiān

✓ 여러 가지 장소

☐☐ 프론트데스크	前台	qiántái
☐☐ 식당	餐厅	cāntīng
☐☐ 카페	咖啡厅	kāfēitīng
☐☐ 슈퍼마켓	超市	chāoshì
☐☐ 은행	银行	yínháng
☐☐ 병원	医院	yīyuàn
☐☐ 학교	学校	xuéxiào
☐☐ 회사	公司	gōngsī
☐☐ 상점	商店	shāngdiàn
☐☐ 빵집	面包店	miànbāodiàn

부록 2 | 서바이벌 왕초보편 300단어 총정리

✓ 여러 가지 가전 & 문구

☐☐ 텔레비전	电视	diànshì
☐☐ 컴퓨터	电脑	diànnǎo
☐☐ 에어컨	空调	kōngtiáo
☐☐ 핸드폰	手机	shǒujī
☐☐ 냉장고	冰箱	bīngxiāng
☐☐ 세탁기	洗衣间	xǐyījī
☐☐ 책가방	书包	shūbāo
☐☐ 봉투	袋子	dàizi
☐☐ 연필	铅笔	qiānbǐ
☐☐ 지우개	橡皮	xiàngpí

✓ 여러 가지 탈 것

☐☐ 기차	火车	huǒchē
☐☐ 비행기	飞机	fēijī
☐☐ 지하철	地铁	dìtiě
☐☐ 자동차	汽车	qìchē
☐☐ 택시	出租车	chūzūchē
☐☐ 택시를 타다(잡다)	打的	dǎdī(=dǎdí)
☐☐ 버스	公交车	gōngjiāochē
☐☐ 자전거	自行车	zìxíngchē
☐☐ 승용차 택시 (쭈안처)	专车	zhuānchē
☐☐ 승용차 택시 (콰이처)	快车	kuàichē

DOUBLE CHECK 두 번 체크!

부록 2 | 서바이벌 왕초보편 300단어 총정리

레벨 별 **형용사**

LEVEL 1

□□ 높다 키가)크다	高	gāo	□□ 새롭다	新	xīn
□□ 똑똑하다	聪明	cōngming	□□ 신선하다	新鲜	xīnxiān
□□ 바쁘다	忙	máng	□□ 어렵다	难	nán
□□ 싸다	便宜	piányi	□□ 쉽다	容易	róngyì
□□ 좋다	好	hǎo	□□ 늙다 질기다	老	lǎo
□□ 맛있다	好吃	hǎochī	□□ 보기 좋다	好看	hǎokàn
□□ 크다	大	dà	□□ 빠르다	快	kuài
□□ 예쁘다	漂亮	piàoliang	□□ 즐겁다	快乐	kuàilè

LEVEL 2

□□ 많다	多	duō	□□ 더럽다	脏	zāng
□□ 마르다 건조하다	干	gān	□□ 길다	长	cháng
□□ 달다	甜	tián	□□ 서늘하다	凉	liáng
□□ 작다	小	xiǎo	□□ 춥다	冷	lěng
□□ 멀다	远	yuǎn	□□ 듣기 좋다	好听	hǎotīng
□□ 피곤하다	累	lèi	□□ 뚱뚱하다	胖	pàng
□□ 부족하다	差	chà	□□ 배고프다	饿	è
□□ 덥다	热	rè	□□ 맵다	辣	là
□□ 기쁘다	高兴	gāoxìng	□□ 깨끗하다	干净	gānjìng
□□ 편리하다	方便	fāngbiàn	□□ 귀엽다	可爱	kě'ài

DOUBLE CHECK 두 번 체크!

✓ 정·반 형용사로 다시 체크!

☐☐ 쉽다	容易	róngyì	☐☐ 어렵다	难	nán
☐☐ 똑똑하다	聪明	cōngming	☐☐ 부족하다	差	chà
☐☐ 싸다	便宜	piányi	☐☐ 비싸다	贵	guì
☐☐ 크다	大	dà	☐☐ 작다	小	xiǎo
☐☐ 깨끗하다	干净	gānjìng	☐☐ 더럽다	脏	zāng
☐☐ 많다	多	duō	☐☐ 적다	少	shǎo
☐☐ 덥다	热	rè	☐☐ 춥다	冷	lěng
☐☐ 멀다	远	yuǎn	☐☐ 가깝다	近	jìn
☐☐ 빠르다	快	kuài	☐☐ 느리다	慢	màn

✓ 높이 너비 길이 거리 무게 크기 표현

☐☐ 높다	☐☐ 넓다	☐☐ 길다	☐☐ 멀다	☐☐ 무겁다	☐☐ 크다
高 gāo	宽 kuān	长 cháng	远 yuǎn	重 zhòng	大 dà

부록 2 | 서바이벌 왕초보편 300단어 총정리

여러 가지 부사

✓ 부사 1

☐☐ 동사나 형용사의 부정	不	bù	☐☐ 주로 동사의 부정 "없다"의 뜻이기도 함	没(有)	méi(yǒu)
☐☐ 또한	也	yě	☐☐ 모두	都	dōu
☐☐ 다시	再	zài	☐☐ 아직, 그밖에	还	hái
☐☐ 단지	只	zhǐ	☐☐ 너무	太	tài
☐☐ 그다지~하지 않다	不太	bútài	☐☐ 아주, 매우	非常	fēicháng
☐☐ 가장	最	zuì	☐☐ 약간 (좋지 않음)	有点儿	yǒudiǎnr
☐☐ 별로 안 ~	不怎么	bùzěnme	☐☐ 대략	大概	dàgài
☐☐ 정말로	真的	zhēnde	☐☐ 함께	一起	yìqǐ

✓ 시간 부사 2

☐☐ 아침	早上	zǎoshang	☐☐ 저녁	晚上	wǎnshang
☐☐ 오전	上午	shàngwǔ	☐☐ 오후	下午	xiàwǔ
☐☐ 매일	每天	měitiān	☐☐ 최근에, 요즘에	最近	zuìjìn
☐☐ 어제	昨天	zuótiān	☐☐ 오늘	今天	jīntiān
☐☐ 내일	明天	míngtiān	☐☐ 현재, 지금	现在	xiànzài
☐☐ 바로	马上	mǎshàng	☐☐ 자주	常常	chángcháng

✓ 왕초보편 의문사 모음

☐☐ 무엇, 무슨	什么	shénme	☐☐ 누구	谁	shuí / shéi
☐☐ 어느	哪	nǎ	☐☐ 어디	哪儿	nǎr
☐☐ 언제	什么时候	shénmeshíhou	☐☐ 어떻게	怎么	zěnme
☐☐ 몇	几	jǐ	☐☐ 몇, 얼마나	多少	duōshǎo
☐☐ 왜	为什么	wèishénme	☐☐ 얼마나	(有)多	(yǒu) duō

DOUBLE CHECK 두 번 체크!

레벨 별 동+빈(=목적어)

LEVEL 1

☐☐ 커피를 마시다	喝咖啡	hē kāfēi	☐☐ 물/ 국을 더하다	加水 / 汤	jiā shuǐ / tāng
☐☐ 접시를 들고 오다	拿盘子	ná pánzi	☐☐ 중국어를 공부하다	学汉语	xué hànyǔ
☐☐ 물건을 사다	买东西	mǎi dōngxi	☐☐ 손을 씻다	洗手	xǐ shǒu
☐☐ 우유를 원하다	要牛奶	yào niúnai	☐☐ 수업을 하다	上课	shàng kè
☐☐ 국수를 먹다	吃面条	chī miàntiáo	☐☐ 문을 열다	开门	kāi mén
☐☐ 게임하다	玩游戏	wán yóuxì	☐☐ 찬물 주세요	来冰水	lái bīngshuǐ
☐☐ 음식을 주문하다	点菜	diǎn cài	☐☐ 계산하다	买单	mǎi dān
☐☐ 음식을 배달하다	送菜	sòng cài	☐☐ 책을 보다	看书	kàn shū

LEVEL 2

☐☐ 수업을 시작하다	开始上课	kāishǐ shàngkè	☐☐ 뜻을 알다	知道意思	zhīdao yìsi
☐☐ 영어를 말하다	说英语	shuō yīngyǔ	☐☐ 음악을 듣다	听音乐	tīng yīnyuè
☐☐ 일하다	工作	gōngzuò	☐☐ 돈을 받다	收费	shōu fèi
☐☐ 나를 돕다	帮我	bāng wǒ	☐☐ 카드를 충전하다	充卡	chōng kǎ
☐☐ 가방을 맡기다	存包	cún bāo	☐☐ 메뉴판을 가지고 오다	拿来菜单	nálai càidān
☐☐ 저녁을 준비하다	准备晚饭	zhǔnbèi wǎnfàn	☐☐ 차를 멈추다	停车	tíng chē
☐☐ 전화 걸다	打电话	dǎ diànhuà	☐☐ 택배를 찾다	取快递	qǔ kuàidì
☐☐ 한자를 쓰다	写汉字	xiě hànzì	☐☐ 수업하는 걸 좋아하다	喜欢上课	xǐhuān shàngkè
☐☐ 숙제를 하다	做作业	zuò zuòyè	☐☐ 옷을 갈아입다	换衣服	huàn yīfu
☐☐ 진찰 하다	看病	kàn bìng	☐☐ 환불하다	退钱	tuì qián
☐☐ 친구를 알다	认识朋友	rènshi péngyou	☐☐ 핸드폰을 휴대하다	带手机	dài shǒujī

부록 2 | 서바이벌 왕초보편 300단어 총정리

여러 가지 방향동사 + 来 / 去

□□ 올라오다	上来	shànglai	□□ 올라가다	上去	shàngqù
□□ 내려오다	下来	xiàlai	□□ 내려가다	下去	xiàqù
□□ 들어 오다	进来	jìnlai	□□ 들어가다	进去	jìnqù
□□ 나오다	出来	chūlai	□□ 나가다	出去	chūqù
□□ 돌아오다	回来	huílai	□□ 돌아가다	回去	huíqù
□□ 건너오다	过来	guòlai	□□ 건너가다	过去	guòqù
□□ 일어나다	起来	qǐlái			
□□ 가지고 오다	拿来	nálai	□□ 운반해오다	搬来	bānlai
□□ 데리고 오다	带来	dàilai	□□ 밀고 오다	推来	tuīlai

나의 하루

□□ 일어나다	起床	qǐchuáng	□□ 옷을 입다	穿衣服	chuānyīfu
□□ 양치질하다	刷牙	shuāyá	□□ 잡담하다	聊天儿	liáotiānr
□□ 세수하다	洗脸	xǐliǎn	□□ 집에 돌아가다	回家	huíjiā
□□ 청소하다	打扫	dǎsǎo	□□ 잠자다	睡觉	shuìjiào

자세상태동사

□□ ~에 앉다	坐在 ~	zuò zài ~
□□ ~에 서다	站在 ~	zhàn zài ~
□□ ~에 담다	装在 ~	zhuāng zài ~
□□ ~에 설치하다	安装在 ~	ānzhuāng zài ~
□□ ~에 놓다	放在 ~	fàng zài ~
□□ ~에 보관하다	存在 ~	cún zài ~

방위사

☐☐ 위	上边	shàngbian	☐☐ 아래	下边	xiàbian
☐☐ 앞	前边	qiánbian	☐☐ 뒤	后边	hòubian
☐☐ 안	里边	lǐbian	☐☐ 밖	外边	wàibian
☐☐ 왼쪽	左边	zuǒbian	☐☐ 오른쪽	右边	yòubian
☐☐ 옆	旁边	pángbiān	☐☐ 맞은편	对面	duìmiàn

수사 + 양사 + 명사

☐☐ 아메리카노 한 잔	一杯美式	yì bēi měishì
☐☐ 스프라이트 한 캔	一听雪碧	yì tīng xuěbì
☐☐ 상점 한 집	一家商店	yì jiā shāngdiàn
☐☐ 젓가락 한 쌍	一双筷子	yì shuāng kuàizi
☐☐ 책상 두 개	两张桌子	liǎng zhāng zhuōzi
☐☐ 맥주 두 병	两瓶啤酒	liǎng píng píjiǔ
☐☐ 물고기 두 마리	两条鱼	liǎng tiáo yú
☐☐ TV 두 대	两台电视	liǎng tái diànshì
☐☐ 책 두 권	两本书	liǎng běn shū
☐☐ 밥 두 공기	两碗米饭	liǎng wǎn mǐfàn
☐☐ 의자 두 개	两把椅子	liǎng bǎ yǐzi
☐☐ 세트메뉴 이 인분	两份套餐	liǎng fèn tàocān
☐☐ 옷 한 벌	一件衣服	yí jiàn yīfu
☐☐ 케익 한 조각	一块蛋糕	yí kuài dàngāo
☐☐ 물건 한 개	一个东西	yí ge dōngxi
☐☐ 선생님 한 분	一位老师	yí wèi lǎoshī

부록 3 | 중국동요

동요 1

《大拇指》

| 大拇指！ 大拇指！ | 엄지야! 엄지야! |
| Dàmǔzhǐ dàmǔzhǐ | |

你在哪里？ 넌 어디에 있니?
Nǐ zài nǎlǐ

我在这里。 나 여기에 있지.
Wǒ zài zhèlǐ

我在这里。 나 여기에 있지.
Wǒ zài zhèlǐ

你好不好？ 넌 안녕하니?
Nǐ hǎobuhǎo

《大拇指》

大拇指 大拇指 你在哪里
Dà mǔ zhǐ Dà mǔ zhǐ Nǐ zài nǎ lǐ

我在这里 我在这里 你好不好
Wǒ zài zhè lǐ Wǒ zài zhè lǐ Nǐ hǎo bu hǎo

<참고> **노래할 때도 성조가 있나요?**
노래할 때 성조는 없습니다. 노래에 성조가 있다면 멜로디를 실을 수가 없겠죠!

동요 2

《两只老虎》

两只 老虎　　两只 老虎　　두 마리 호랑이 두 마리 호랑이
Liǎngzhī lǎohǔ　liǎngzhī lǎohǔ

跑得快　　跑 得 快　　빨리 뛰네 빨리 뛰네.
pǎo de kuài　pǎo de kuài

一支　　没 有　　耳朵　　한 마리는 귀가 없고,
Yì zhī　méi yǒu　ěr duo

一支　　没 有　　尾巴　　한 마리는 꼬리가 없네.
Yì zhī　méi yǒu　wěi ba

真奇怪！ 真奇怪！　　정말 이상하다! 정말 이상해!
Zhēn qíguài　zhēn qíguài

《两只老虎》

MISSION SURVIVAL CHINESE
BEGINNING

미션체크 연습문제 **답안**

미션체크 연습문제 답안

제1강

1.
   ① gāo (高)　guān (关)　huān (欢)　gōng (恭)
   ② nán (难)　méi (没)　yíng (迎)　máng (忙)
   ③ lǎo (老)　zǎo (早)　qǐng (请)　děng (等)
   ④ kuài (快)　bù (不)　zài (再)　jiàn (见)

2. diǎncài　　mǐ fàn　　hěn dà　　qǐng wèn

3. 주어 (원) — 부사어(=상황어) (마름모) — 술어 (삼각형) — 어기조사 (별)

4.
gāo	máng	hǎo	dà
xīn	nán	lǎo	kuài

5.
   早上好!　　不好意思!　　(请) 等一下!　　没关系!
   Zǎoshang hǎo　Bùhǎo yìsi　(Qǐng)děngyíxià　Méiguānxi

제2강

1. ① chā (叉)   xīn (新)   xiān (鲜)   cōng (聪)
   ② sháo (勺) róng (容) pián (便)   míng (明)
   ③ jiǎn (剪) shuǐ (水) mǐ (米)   wǎn (碗)
   ④ kuài (筷) lè (乐)   kàn (看)   piào (漂)

2. | sháozi | piányi | kuàizi | piàoliang |
   |---|---|---|---|
   | ↗ ○ | ↗ ○ | ↘ ○ | ↘ ○ |

3. ① 那个不便宜。   ② 那个叉子便宜吗?   ③ 服务员很忙。

4. | xīnxiān | piányi | hǎokàn | piàoliang |
   |---|---|---|---|
   | cōngming | róngyì | hǎochī | kuàilè |

5. 요구할 때 : 给我 gěi wǒ ~ / 我要 wǒ yào~ / 拿 ná ~
   저에게 주세요   저는 ~ 를 원해요   ~ 를 갖다주세요

菜单	筷子	冰水	盘子
càidān	kuàizi	bīngshuǐ	pánzi

미션체크 연습문제 **답안**

제3강

1. ① 阿姨 āyí   好吃 hǎochī   哥哥 gēge   叔叔 shūshu
   ② 谁 shuí   爷爷 yéye   姥爷 lǎoyé   儿子 érzi
   ③ 老师 lǎoshī   姥姥 lǎolao   女儿 nǚ'ér   宝宝 bǎobao
   ④ 妹妹 mèimei   弟弟 dìdi   爸爸 bàba   上学 shàngxué

2.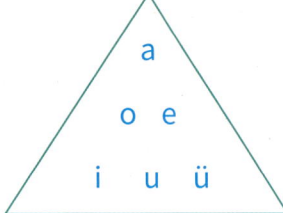

3. ai　ei　ao　ou

4. 주어　부사어(=상황어)　술어　목적어　어기조사
   ● 술어, 술어

5. | chī | ná | mǎi | yào |
   |---|---|---|---|
   | jiā | xué | xǐ | kàn |

6. 爷爷 yéye　姥爷 lǎoyé　姐姐 jiějie　叔叔 shūshu
   奶奶 nǎinai　姥姥 lǎolao　妹妹 mèimei　阿姨 āyí

제4강

1.
   ① yī　　　sān　　　qī　　　bā　　　1/3/7/8
   ② shíyī　　shísān　　shíqī　　shíbā　　11/13/17/18
   ③ wǔshíyī　wǔshísān　wǔshíqī　wǔshíbā　51/53/57/58
   ④ èrshíyī　èrshísān　èrshíqī　èrshíbā　21/23/27/28

2. zh　ch　sh　r

3.
   ① 再见　zài jiàn
   ② 姐姐　jiě jie
   ③ 可乐　kě lè
   ④ 哥哥　gē ge
   ⑤ 一本　yì běn
   ⑥ 橙汁　chéng zhī
   ⑦ 美式　měi shì
   ⑧ 书　shū
   ⑨ 女儿　nǚ'ér
   ⑩ 孩子　hái zi

4.

	吗의문문	긍정부정의문문
喝咖啡 hē kāfēi	喝咖啡吗？	喝不喝咖啡？
学汉语 xué hànyǔ	学汉语吗？	学不学汉语？
买东西 mǎi dōngxi	买东西吗？	买不买东西？
要牛奶 yào niúnǎi	要牛奶吗？	要不要牛奶？

5.

| kāi | wán | diǎn | sòng |
| kāishǐ | xuéxí | xǐhuān | rènshi |

6.
一杯 美式　/　两杯 美式　　　　一瓶 橙汁　/　两瓶 橙汁
yìbēi měishì　liǎngbēi měishì　　yìpíng chéngzhī　liǎngpíng chéngzhī

一块 蛋糕　/　两块 蛋糕　　　　一个 苹果　/　两个 苹果
yíkuài dàngāo　liǎngkuài dàngāo　yíge píngguǒ　liǎngge píngguǒ

미션체크 연습문제 답안

제5강

1.
   ① 女 nǚ 여자
   ② 橘子 júzi 귤
   ③ 香蕉 xiāng jiāo 바나나
   ④ 草莓 cǎoméi 딸기
   ⑤ 大葱 dàcōng 대파
   ⑥ 洋葱 yáng cōng 양파
   ⑦ 多少 duō shǎo 얼마나
   ⑧ 钱 qián 돈

2.

단어	명사화		한정어+ 중심어
新鲜 xīnxiān	新鲜的	鱼 yú	☞ 新鲜的鱼
便宜 piányi	便宜的	衣服 yīfu	☞ 便宜的衣服
干净 gānjìng	干净的	盘子 pánzi	☞ 干净的盘子
漂亮 piàoliang	漂亮的	姐姐 jiějie	☞ 漂亮的姐姐
好 hǎo	好的	朋友 péngyou	☞ 好朋友
男 nán	男的	孩子 háizi	☞ 男孩子
女 nǚ	女的	人 rén	☞ 女人

3.
   ① qiān 치엔 / quān 취엔
   ② yǒu 여우 / jiǔ 지(어)우
   ③ wéi 웨이 / shuí 스우(에)이
   ④ zuān 쭈안 / juān 쮜엔
   ⑤ shàng (권설음) 샹 / xiàng (설면음) 씨앙
   ⑥ zì 쯔 / jì 찌
   ⑦ sì 쓰 / xì 씨
   ⑧ suàn 쑤안 / xuàn 쉬엔 dàcōng

4.

平 : píng	早 : zǎo	每 : měi	市 : shì
和平 평화	早上 아침	每天 매일	北京市 북경시
hé píng	zǎo shang	měi tiān	Běijīng shì
苹 : píng	草 : cǎo	莓 : méi	柿 : shì
苹果 사과	香草 바닐라	草莓 딸기	西红柿 토마토
píng guǒ	xiāng cǎo	cǎo méi	xīhóng shì

5.
   - 给我 Gěi wǒ
   - 我要 Wǒ yào

   好吃的橘子 hǎochīde júzi
   好吃的草莓 hǎochīde cǎoméi
   好吃的香蕉 hǎochīde xiāngjiāo
   好吃的西瓜 hǎochīde xīguā

제6강

1.
   ① 1시 一点 yìdiǎn
   ② 2시 两点 liǎngdiǎn
   ③ 1시 15분 一点一刻 yìdiǎn yíkè
   ④ 2시 반 两点半 liǎngdiǎn bàn
   ⑤ 오전 9시 上午 九点 shàngwǔ jiǔdiǎn
   ⑥ 오후 3시 下午 三点 xiàwǔ sāndiǎn

2.
yìbēi měishì	yìbēi nátiě	yìpíng píjiǔ	yíkuài dàngāo
yìwǎn mǐfàn	yìtīng kělè	yíjiàn yīfu	yìbēi bīngshuǐ
yìběn shū	yíkuài qián	yìmáo qián	yíge píngguǒ

3.
叫 jiào ~를(라고) 부르다	叫他 jiào tā 그를 부르다	叫谁? jiào shuí 누구를 부르니?	叫什么? jiào shénme 뭐라고 부르니?
是 shì ~이다	是他 shì tā 그사람 이다	是谁? shì shuí 누구이니?	是什么? shì shénme 무엇이니

4.
주부	술부
① 이것 这个 ② 그것 那个 ③ 그는 他 ④ 너는 你 ⑤ 내 것 我的 ⑥ 너의 것 你的	是 不 是 shì bú shì	① 내거 我的 ② 너의 것 你的 ③ 선생님 老师 ④ 사장님 老板 ⑤ 이것 这个 ⑥ 그것 那个

   ① 这（个）是不是我的？ ④ 你是不是老板？
   ② 那（个）是不是你的？ ⑤ 我的是不是这个？
   ③ 他是不是老师？   ⑥ 你的是不是那个？

5.
   | 师傅 | 保安 | 阿姨 | 老师 | 老板 | 服务员 |
   | shīfu | bǎo'ān | āyí | lǎoshī | lǎobǎn | fúwùyuán |

미션체크 연습문제 답안

제7강

1. ① duō   zāng
   ② liáng   tián
   ③ yuǎn   lěng
   ④ gānjìng   gāoxìng   fāngbiàn

2.
二月十号 èryuè shíhào 星期六 Xīng qī liù	五月十六号 Wǔyuè shíliùhào 星期四 Xīng qī sì	十月十四号 Shíyuè shísìhào 星期二 Xīng qī èr	十二月 二十五号 Shí'èryuè èrshíwǔ hào 星期天 Xīng qī tiān

3.
이 这 **zhè**	그, 저 那 **nà**	어느 哪 **nǎ**
이것 这个 **zhège**	그것, 저것 那个 **nàge**	어느 것 哪个 **nǎge**
여기 这儿 **zhèr**	거기, 저기 那儿 **nàr**	어디 哪儿 **nǎr**

4.
| hěn | fēicháng | bútài | yǒudiǎnr |
| yě | dōu | zuì | bù |

5. ② 哪个最甜？
   ③ 这里有点儿冷。
   ④ 那儿最干净。
   ⑤ 那儿有点儿远。
   ⑥ 我今天非常高兴。

6.
北京 Běijīng	上海 Shànghǎi	香港 Xiānggǎng	广州 Guǎngzhōu
在北京	在上海	在香港	在广州

7. 加拿大 Jiānádà   英国 Yīngguó   法国 Fǎguó   德国 Déguó

제8강

1. ① hē kāfēi
   ② nálai pánzi
   ③ yào niúnǎi
   ④ jiā shuǐ

2. ① kāishǐ
   ② xuéxí
   ③ xǐhuān
   ④ rènshi

3.
| 듣다 | 돕다 | 멈추다 | 맡기다 |
| 찾다, 받다 | 가지고 있다, 데리고 있다 | 바꾸다 | 물르다, 환불하다 |

4. ② 你帮一下。
   ③ 你停一下。
   ④ 你取一下。
   ⑤ 你取一下你的东西。
   ⑥ 你带一下雨伞。

5. ■ 这有没有桌子？／ 这有没有椅子？／ 这有没有床？／这有没有柜子？

   ■ 姐姐的房间里有没有桌子？／ 姐姐的房间里有没有椅子？
   姐姐的房间里有没有床？／ 姐姐的房间里有没有柜子？

미션체크 연습문제 답안

제9강

1.

上 shàng	下 xià	前 qián	后 hòu
里 lǐ	外 wài	左 zuǒ	右 yòu

2.
① 你年纪多大？ Nǐ niánjì duō dà　~ 岁suì。
② 你生日几月几号？ Nǐ shēngrì jǐ yuè jǐ hào　我生日 ~月~号。 Wǒ shēngrì ~ yuè ~ hào
③ 你个子多高？ Nǐ gèzi duōgāo　一米~。 yì mǐ
④ 你家多远？ Nǐ jiā duō yuǎn　很远 hěn yuǎn / 不远 bù yuǎn / 不太远。 Bú tài yuǎn
⑤ 你多重？ Nǐ duō zhòng　~ 公斤 gōngjīn (kg)

3.

便宜 piányi 싸다	甜 tián 달다	辣 là 맵다	热 rè 덥다 데우다
方便 fāngbiàn 편리하다	长 cháng 길다	大 dà 크다	小 xiǎo 작다

4.
② 再甜一点儿。
③ 再辣一点儿。
④ 空调再小一点儿。
⑤ 阿姨，再便宜一点儿。
⑥ 声音再大一点儿。

5.
① 这里有桌子。
② 这里有一张桌子。
③ 客厅里有电视。
④ 客厅里没(有)人。
⑤ 电脑在桌子上(边儿)。
⑥ 咖啡也在桌子上(边儿)。

제10강

1.

早上 zǎoshang	晚上 wǎnshang	上午 shàngwǔ	下午 xiàwǔ
每天 měitiān	昨天 zuótiān	今天 jīntiān	明天 míngtiān
最近 zuìjìn	现在 xiànzài	以前 yǐqián	以后 yǐhòu

2. ① 吃饭的时候 / 吃饭以前 / 吃饭以后 ➡ 吃饭以前，洗手。
　　② 玩游戏的时候 / 玩游戏以前 / 玩游戏以后 ➡ 玩游戏以前，做作业。
　　③ 学汉语的时候 / 学汉语以前 / 学汉语以后 ➡ 学汉语的时候，多听多说。
　　④ 工作的时候 / 工作以前 / 工作以后 ➡ 工作以后，休息。

3. ② 你在家休息一下。
　　③ 你在网上买一下。
　　④ 你在这里工作一下。
　　⑤ 你在前台取一下。
　　⑥ 我们在餐厅吃一下。

4. ① 爸爸在韩国还是在中国？
　　② 你要热的还是冰的？
　　③ 中杯还是大杯？
　　④ 收费还是免费？

미션체크 연습문제 답안

제11강

1. 写 汉字 xiě hànzì   看 病   kàn bìng
   取 快递 qǔ kuàidì   带 手机 dài shǒujī
   退 钱 tuì qián   换 衣服 huàn yīfu
   听 音乐 tīng yīnyuè   停 车   tíng chē
   说 英语 shuō yīngyǔ   存 包   cún bāo
   收 费 shōu fèi   玩 游戏 wán yóuxì

2. ① 什么时候 可以来 ?
   ② 什么时候 可以开始 ?
   ③ 什么时候 可以来取 ?
   ④ 什么时候 可以去看 ?
   ⑤ 什么时候 可以送 ?

3.
放 fàng	存 cún	装 zhuāng	安装 ānzhuāng
두다	맡기다	담다 포장하다	설치하다

4. ② 你可以存在这里。
   ③ 你可以放在这里。
   ④ 你可以装在这里。
   ⑤ 你可以安装在这里。

5. ① 沙发在电视 对面。
   ② 手机在桌子 上面 (=边儿)。
   ③ 电脑和咖啡都在桌子 上面 (=边儿)。
   ④ 桌子在客厅的 中间。

제12강

1. 自行车 zìxíngchē 자전거　　地铁 dìtiě 지하철
   出租车 chūzūchē 택시　　专车 zhuānchē 자가용택시(쭈안처)
   公交车 gōngjiāochē 버스　　飞机 fēijī 비행기

2.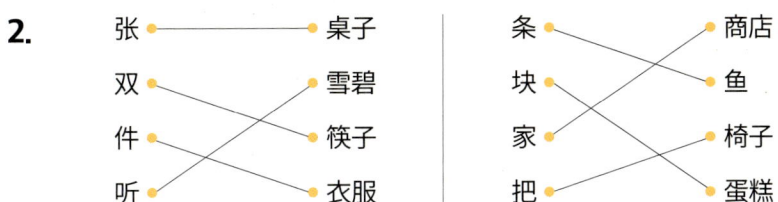
   张 — 桌子
   双 — 筷子
   件 — 衣服
   听 — 雪碧

   条 — 鱼
   块 — 蛋糕
   家 — 商店
   把 — 椅子

3. ① 拿 ná： 拿进来　拿上来　拿下来　拿回来
   ② 开 kāi： 开进来　开上来　开下来　开回来
   ③ 走 zǒu： 走进去　走上去　走下去　走回去
   ④ 跑 pǎo： 跑进去　跑上去　跑下去　跑回去

4. ② 你可以拿进来。
   ③ 你不可以跑进去。
   ④ 你可以走上来。

5. ① 吃 chī 먹은 적 있다 吃过 / 먹은 적 없다 没吃过
   ② 来 lái 온 적 있다 来过 / 온 적 없다 没来过
   ③ 学 xué 배운 적 있다 学过 / 배운 적 없다 没学过
   ④ 去 qù 간 적 있다 去过 / 간 적 없다 没去过
   ⑤ 看 kàn 본 적 있다 看过 / 본 적 없다 没看过

6.
下车	骑车	开车	坐车	上车	下车
dǎchē	qíchē	kāichē	zuòchē	shàngchē	xiàchē
택시를 잡다 택시를 타다	자전거를 타다	차를 운전하다	차를 타다	차에 오르다	차에서 내리다

미션따라 중국어
Survival 왕초보편

초판인쇄	2019년 7월 20일
초판발행	2019년 7월 28일
지은이	이미선
펴낸이	이미선
편집	정가람
디자인	정가람
일러스트	임승현
펴낸곳	MS북스
주소	서울특별시 동작구 상도로 346-2
전화	02) 823-4050
등록일	2017년 12월 20일
등록번호	제 2017-000092호
ISBN	979-11-963397-1-5
	가격은 뒤표지에 있습니다
이메일	mschinese@naver.com
홈페이지	www.msbooks.co.kr

ⓒ 2019 이미선 All rights reserved
※ 잘못된 책은 구입한 서점에서 바꾸어 드립니다.
※ 저작권자의 동의 없이 이 책의 내용과 그림을 무단으로 복제하거나 전재하는 것을 금합니다.